Creative Mental Management

Kenichi Itao

なぜ、クリエイティブな人はメンタルが強いのか？

起業家・MBA・医学博士
板《いた》生《お》研一《けんいち》

CROSSMEDIA PUBLISHING

はじめに

「クリエイティブな人はメンタルが強い」というと、あなたはどう感じるでしょうか？

「クリエイティビティ」と聞くと、一部の天才だけのものであると思われがちです。そして、天才のような変わり者たちは、「メンタル」が不安定だという印象を持たれることが少なくありません。

そのため、クリエイティビティはメンタル不調につながると考えられてきました。

しかし、実は逆なのです。

誤解を恐れずにわかりやすくいうと、**クリエイティブでいることができれば、メンタル不調にならない**と私は考えています。さらには、クリエイティブでいることができれば、働く喜びを実感し、人生を前向きに捉えられ、ひいてはウェルビーイング（幸福）につながると考えています。

ストレスやプレッシャーの多い時代ですが、どうしたらそれらに負けずに、仕事で成果を出し、プライベートも充実させられるのでしょうか。その鍵を握るのが、メンタルマネジメントです。しかし、消極的な（ネガティブに対処するだけの）メンタルマネジメントでは十分ではありません。時間を忘れるほど仕事に没頭し、自分が何か大きなものの一部であると思えるほどに仕事にやりがいを感じるには、クリエイティビティが欠かせません。

本書でいう「クリエイティビティ」とは、何もビッグアイデアを生み出すことだけではありません。日々の決まった仕事にひと工夫を加えたり、人には気づかれないくらい些細な新しいアイデアを考えて実行してみたりすることも、立派なクリエイティビティです。このような小さなクリエイティビティは、その気になれば誰もが実践できます。これを本書では「リトルC」といいます（詳しくは、のちほど説明します）。

そして、クリエイティブな状態でいると、主体的な行動を取れるようになります。それが、メンタルヘルスを健全に保つ上でも、とても重要なのです。

私は、ソニーというクリエイティビティを大事にする会社でのビジネス経験（エレキおよびエンタメの事業分野での経験）と海外ＭＢＡでの学びから、働きがいを感じながらいきいきと仕事をするには、従来型の消極的なメンタルマネジメントだけでは十分でないと感じていました。そして、ソニーを退職後に起業し、スタートアップビジネスとして、ウェアラブルセンサによって計測した生体情報から、日々のストレスや集中度などを見える化するアルゴリズムやアプリの開発をはじめ、たくさんのビジネスパーソンの生体データの解析に10年以上携わってきました（なぜこの領域で起業したかというと、ソニーで経験した音楽などのコンテンツビジネスと、人間の感情やストレス、クリエイティビティといった内面の状態を結び付けたサービスをつくりたかったからです）。また、ビジネスを行う傍ら、感情やストレス、クリエイティビティに関する生理心理学を研究し、日常生活における24時間の自律神経データを分析する研究によって医学博士号を取得。その後も、日常生活のデータを対象にした様々な研究を、多くの企業とともに行ってきました。

そして、ソニーのエレキやエンタメビジネス、海外ＭＢＡ、スタートアップビジネス、そして学術研究の領域で数多くのクリエイティブな人々に出会い、その人たちがどのようにクリエイティビティを日々発揮しているかを横目で見ながら、私自身もそれらの一部を実践してきました。その結果わかったことは、クリエイティブな人たちに共通するのは、「強いメンタルを持っている」ということでした。

このような経緯から私は、メンタルマネジメントに小さなクリエイティビティ（リトルＣ）の実践を加えた、「クリエイティブ・メンタルマネジメント」こそが、私たちのウェルビーイングを高めるためには必要だと考えるようになりました（「クリエイティブ・メンタルマネジメント」については後述します）。そしてその考えは、関連する学術領域（認知神経科学、行動科学、生理心理学、精神生理学、予防医学、認知心理学、社会心理学、ポジティブ心理学、組織行動論、消費者行動論など）の研究を知れば知るほど確信に変わっていったのです。

本書では、海外を中心とした信頼できる学術研究結果や、私のこれまでの経験や知見、そして私の会社がこれまで解析してきた日常生活における自律神経などの生体データから判明したことも織り交ぜながら、「なぜ、クリエイティブな人はメンタルが強いのか？」という問いへの答えを紐解いていきます。

対象とする読者はビジネスパーソン、特に、仕事でもっとクリエイティビティを発揮したい人、仕事のやりがいをもっと高めたい人、そして、メンタルを強くしたいと思っている人にぜひ読んでいただきたいと思います。

日本のビジネスパーソンがクリエイティビティを存分に発揮し、メンタルヘルスの問題に悩まされることなく、働く喜びを実感し、ウェルビーイングな生活を手に入れるために、少しでもお役に立てれば、この上ない喜びです。

なぜ、クリエイティブな人はメンタルが強いのか？　目次

第1章

メンタル・リソースの充実①　ポジティブ感情編

第2章 メンタル・リソースの充実② 活性度編

第4章 仕事のやりがいとクリエイティビティ

第5章 ウェルビーイングになる

序　章

小さな
クリエイティビティが
メンタルの鍵になる

ソニーのクリエイティビティを学んで

私はソニーで社会人のスタートを切りました。当時（1998年）、ソニーは絶好調で、エレキ事業とエンタメ事業のシナジーを活かしながら、クリエイティブでイノベーティブな商品やサービスを次々と世に出していました。私は商品企画部に配属され、そこでソニーのクリエイティビティを存分に吸収することになりました。

商品企画部で私のメンターだった先輩は生粋のマーケターで、ソニーらしさとは何か、他社には真似できないソニーの強みをいかに商品に反映させるか、ということを四六時中考えている人でした。この先輩と一緒に仕事をすると、クリエイティブに考えることはソニーで働くビジネスパーソンの使命であり、それが仕事に没頭できる最大の要因であると強く実感しました。

ソニーでは他にも多くのクリエイティブな人たちと仕事をする機会がありました。私が商品企画時代に一緒に仕事をした、あるオーディオエンジニアは、新しく開発したオーディオスピーカーを国内の大きな展示会で出展するために必死で試作品の設計に取り組んでいましたが、前日になって音が出ないトラブルに見舞われました。しかし、持っている知識を総動員して原因を究明し、秀逸な工夫を施した対策をして、見事に困難を乗り切りました。

エンタメビジネス領域でも、たくさんのクリエイティブな人たちと仕事をしてきました。私がソニーの出資先であるコンテンツ企業に出向したとき、目玉にしていたスポーツ放映権を、巨額を提示した他社に奪われてしまう事態が起きました。そのとき、目玉コンテンツを失った中でも、クリエイティビティを最大限に発揮し、自分たちの強みを活かした新たな番組をつくり上げるプロデューサーの姿は、真のクリエイティビティを体現していました。

また、映画ビジネスの契約交渉に携わったときのことです。ハリウッドの映画スタジオと日本の配信会社が結ぶ契約の妥結点を見つけるために、アイデアを考える日々でしたが、一緒に仕事をした上司は問題解決能力が高く、流暢な英語でハリウッドの人をも唸らせる交渉術を発揮し、まさにクリエイティブな人たちのお手本でした。

他にも、映画業界や音楽業界で、クリエイティブなコンテンツを生み出すプロデューサーやディレクター、制作スタッフを数多く見てきました。

その後、イギリスのケンブリッジ大学経営大学院（ＭＢＡ）に留学した私は、最新のテクノロジーをいかにビジネスに変えるかを考え続けている、クリエイティビティとイノベーションに取り憑かれたようなアントレプレナー（起業家）と知り合う機会が多々ありました。ケンブリッジという場所は、緑の木々や芝生、街の中心を流れるケム川（ケンブリッジの地名は、「ケム川にかかる橋」という意味です）、そして中世を彷彿とさせる大学の建物群が見事な調和をなしています。サイエンティフィック（科学的）なクリエイティビティが生まれるためのすべての条件が整っていると思える場所でした。

起業してからは、いくつものピッチコンテスト（起業家が投資家などの審査員に対して自らの事業計画をプレゼンテーションする場）に出場しましたが、そこでは最新テクノロジーや市場環境の変化を絶妙に捉えたビジネスモデルでクリエイティブに社会課題の解決に挑むたくさんのアントレプレナーに出会いました。そして、私自身もヘルスケアやスマホアプリのビジネス領域で、様々なアプリを企画開発し、世の中に出してきましたが（1つは160万以上のダウンロードを記録するヒットアプリになりました！）、その過程はまさにクリエイティビティの実践そのものでした。

最後に、研究者の世界でも多くのクリエイティブな人に出会ってきました。膨大な先行研究をリサーチしながら、自分のオリジナルの研究テーマを探して仮説構築と検証を繰り返し、1本の論文を書き上げる行為はとてもクリエイティブなものです。私自身もウェアラブルセンサで日常生活における自律神経のデータをたくさん測定し、人がどんなときにストレスを感じるのか、あるいは、リラックスしたりクリエイティブになったりするのかを検証しながら、博士論文を書くために膨大な先行研究をリサーチし、研究テーマの設定に悩み、試行錯誤して博士号を取得しました。

このように私は、ビジネスと研究の両方の活動を通じて、ビジネスの問題解決にクリエイティビティを発揮する人たち、アーティスティックなクリエイティビティを発揮する人たち、そして、サイエンティフィックなクリエイティビティを発揮する人たちに出会い、自分もその端くれとしてここまでやってきました。その経験と、日常における生体データの測定に10年以上携わってきた経験、そして多数の学術論文のリサーチから、**「クリエイティブ・メンタルマネジメント」こそが、私たちの仕事のやりがいを高め、ウェルビーイング（幸福）になるために必要であると考えるようになりました。**実際、このようなクリエイティブな人たちは、これから本書で説明する「クリエイティブ・メンタルマネジメント」を日々実践しています。

クリエイティビティとメンタルヘルスの関係

「クリエイティビティ」と聞くと、オシャレで気取った人が突拍子もないアイデアを発案し、それを聞いたその他大勢の人は困惑する……といったシーンが思い浮かぶ人もいるのではないでしょうか。私たちの心の中に多かれ少なかれ、「クリエイティブな人＝変わっている人＝メンタルが不安定？」などの固定観念があるかもしれません。

クリエイティビティは一部の特異な天才だけのものである、という仮説が根強く信奉されていた時代がありました。この仮説に基づくと、クリエイティビティはメンタル不調につながると考えられていました。

では、実際にクリエイティブな職業に就いている人たちのメンタルヘルスの状況はどうなのでしょうか。

スウェーデンのカロリンスカ研究所のシモン・キャガ博士らは、１１７万人のスウェーデン人の職業データと精神疾患の罹患に関するデータを分析して、クリエイティブな職業についている人（芸術家や科学者など）が精神疾患を患っている割合を調査しました。

その結果、クリエイティブな職業の人は、双極性障害（そう状態とうつ状態とを反復する精神疾患）の罹患率は高かったものの、その他の精神疾患（統合失調症、単極性うつ病、不安障害など）の罹患率は特別高くはありませんでした。ただし、クリエイティブな職業の中でも作家だけは、統合失調症、双極性障害、単極性うつ病、不安障害などの罹患率が高く、一般の人と比較すると自殺率が約2倍であることがわかりました。

クリエイティブな職業の人は、些細な現象にも敏感に反応する繊細な心を持っている人が多く、人と異なる新たな発想を生み出すことで、驚きや喜びといった内発的報酬を得たい欲求が強い傾向があるようです。

だからといって、クリエイティビティはメンタルヘルスを害すると考えるのは早計です。なぜなら、クリエイティビティとは、とても幅広い概念だからです。

小さなクリエイティビティが人生を変える

クリエイティビティはとても幅広い概念だと述べました。私がビジネスや研究の活動を通じて出会ってきた人たちが発揮するクリエイティビティは、先述の通り、ビジネスの問題解決におけるクリエイティビティであったり、アーティスティックなクリエイティビティであったり、サイエンティフィックなクリエイティビティであったりします。これらはクリエイティビティの「領域」の分類になりますが、どの領域であっても、以下に述べる4つのタイプ分類が当てはまります。

アメリカの心理学者ジェームス・カフマン博士が提唱した「4C理論」では、クリエイティビティを次の4タイプに分類しています。

・ビッグC（Big C）：天才が持つ優れた創造性で、社会を変える革新的な創造性を指しますが、誰もが発揮できるわけではありません。

・プロC（Pro C）：専門家が持つ創造性で、シェフ、デザイナー、伝統工芸の職人など特定の分野で一芸を持つプロが修行の過程で発揮する創造性です。

長い年月をかけてうまく行けばBig Cにつながります。

・リトルC（Little c）：日常的な創造性ですが、他者への貢献がある、つまり、誰かの役に立っている創造性を指し、その気になれば誰もが発揮できるものです。

・ミニC（Mini c）：学習プロセスの一部である個人内の創造性を指し、子どもが勉強中に発見したアイデアなどが含まれます。個人の中で起こるので、外からは認識できない場合もあります。

先述のクリエイティブな職業と精神疾患の関係は、4Cの中の「ビッグC」（一部、「プロC」）に関連しますが、多くの働くビジネスパーソンに共通して関連するのは、4Cのうち主に「リトルC」（場合によっては「ミニC」や「プロC」）です。これらを「毎日のクリエイティビティ」（everyday creativity）と呼びます。

アメリカのノーステキサス大学の研究者らは、クリエイティビティとウェルビーイング（幸福度）の関係に着目した26の研究結果についてレビューを行い、その関係性を明らかにしました。

その結果、**日々の小さいクリエイティブな行動（リトルC）は、私たちのウェルビーイン**

グを高めるのに効果的であることがわかってきました。ただし、クリエイティブな発想だけでは、ウェルビーイングを高める効果は弱く、行動に移すことが大事だと明らかになりました。

例えば、いつもと違うお店でランチをしてみたり、いつもと違うメニューを頼んでみたり、週末につくったことのない料理をつくってみたり……。これらのちょっとしたクリエイティブな行動が蓄積されると、自信や達成感を高め、自己実現につながっていきます。

クリエイティビティと気分の深い関係

かの有名な物理学者アインシュタインは、「感情や憧れは、すべての人間の努力や創造物の背後にある原動力である」と言っています。感情はクリエイティビティに大きな影響を与えるということですね。

オランダのアムステルダム大学の研究者らは、過去25年間のクリエイティビティと気分に関する103の論文をレビューし、人間の感情や気分がクリエイティビティにどのような影響を与えているかを調査しました。

その結果、研究によってばらつきはあるものの、総じて次のようなことがわかりました。

- ポジティブな気分はクリエイティビティを産み出しやすいが、活性度が重要である
- ポジティブで活性度の高い、興奮や熱中の状態がクリエイティビティを生み出すのには最適である
- ポジティブだが活性度の低いリラックス状態では、クリエイティビティはあまり高まらない
- ネガティブな気分でも活性度が高ければ、テーマによってはクリエイティビティを生み出しやすい

リラックスしている状態はクリエイティビティを高めるように思えるかもしれませんが、実際は活性度が高い（覚醒している）ことが重要なのです。

また、興味深いことに、ネガティブな気分はクリエイティビティに対して、常に負の影響を及ぼすわけではないようです。これについては本書では触れませんが、例えば、環境や健康、貧困の問題など、深刻なテーマである場合は、ネガティブな気分のほうがクリエイティビティを生み出しやすいケースがあることもわかりました。

クリエイティブ・メンタルマネジメント法

クリエイティブな人のメンタルが強い理由を紐解く上で大事なことは、「小さなクリエイティビティがメンタルの鍵になる」ことです。

「クリエイティビティ」というと、途端に自分には関係ないと思う人もいるでしょうが、ここでいう「クリエイティビティ」は先述の通り、誰もがその気になれば発揮できる「日々の小さなクリエイティビティ（リトルC）」のことです。

次ページの体系図を見てください。本書の内容は、この体系図がベースになっており、私はこの体系を「クリエイティブ・メンタルマネジメント法」と命名しています。

この体系図について少し言葉で説明すると、**「小さなクリエイティビティ（リトルC）」が鍵となって、「仕事のやりがい」、そして最終的には個人の「ウェルビーイング（幸福）」につながることを示しています。**このリトルCを発揮できるようにするための土台になるのが、「メンタル・リソース」です。

特に、「ポジティブ感情」と「活性」が大事になってきます。この「メンタル・リソース」がある程度整うことで、「小さなクリエイティビティ（リトルC）」を発揮できるようになり、それが、「熱中」や「没頭」といった「仕事のやりがい」につながるのです。そして、この「クリエイティブ・メンタルマネジメント法」は今や大きな社会問題化している働く人のメンタルヘルスを改善していく上で、重要な鍵になると私は考えており、クリエイティブな人はすでにこれを実践しているため、メンタルを強く保つことができるのです。

以下、もう少し詳しく、その背景を説明したいと思います。

図1　クリエイティブ・メンタルマネジメント法のコンセプト

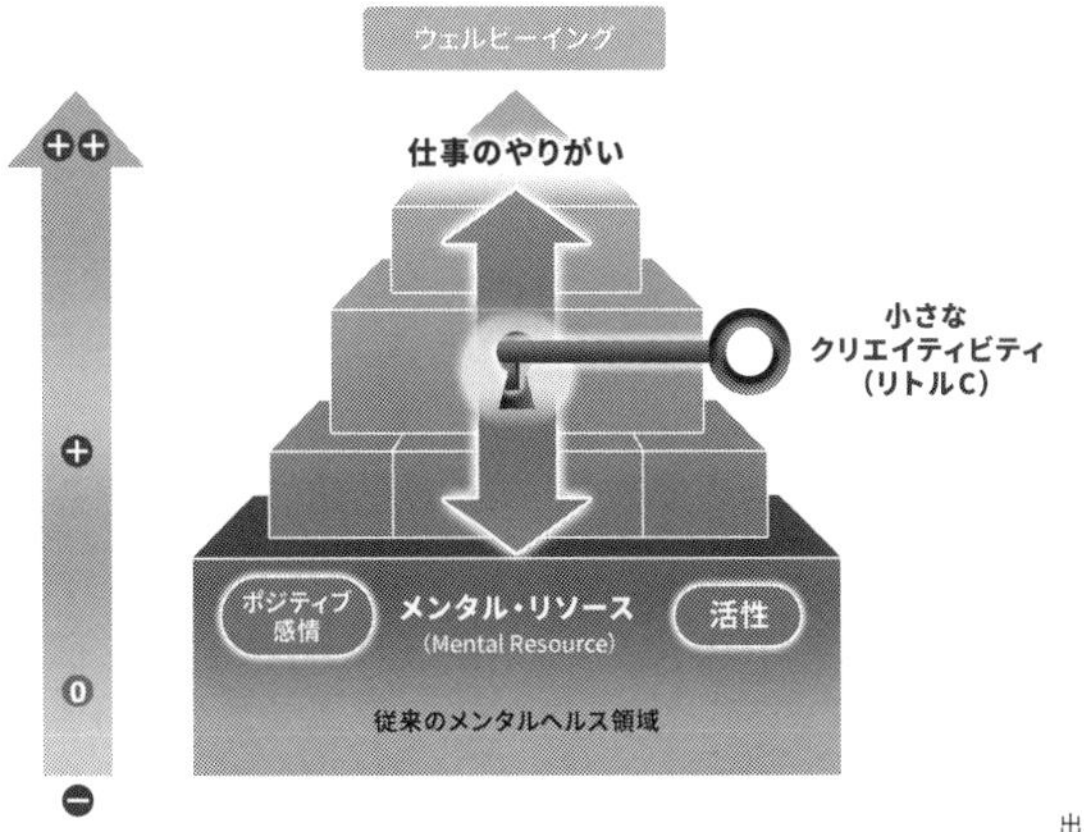

出典：著者作成

仕事にやりがいを感じられない人が増えています。グローバルの調査によると、**日本人で仕事に熱意を感じている人は、わずか5％しかいません。これは諸外国と比べてもかなり低い数字です。**

私たちが一日の約3分の1の時間を仕事に割いていることを考えると、やりがいを感じない仕事に日々向き合わなければいけない生活は、大きなストレスになります。そのような生活が長く続くと、メンタル不調を来たし、仕事のパフォーマンスを大きく落としてしまいかねません。

では、なぜ、多くのビジネスパーソンが仕事にやりがいを感じられなくなってしまったのでしょうか。例えば、高度経済成長期といわれた時代は、「物質的に豊かになりたい」という、仕事や人生における明確な目標がありました。さらに、豊かな欧米諸国をお手本にしてもいました。このような時代は、頑張れば頑張ったぶんだけ社会や生活が豊かになると実感できていたのです。つまり、成果が「見える化」されやすかったといえます。

それに対して、今の時代は、生活水準が高まり、社会が豊かになったぶん、目標がわかりづらくなってしまいました。そして、特に大企業が扱う仕事はどんどん高度化、複雑化し、1つの仕事が完成するまでの工程に多くの人たちが関わるため、自分がやった仕事がどう成果につながっているか、見えにくくなってしまったのです。日本の会社に占める大企業の割合はわずか1％程度ですが、大企業で働く人の割合は全労働人口の3割を超えているので、その影響は少なくありません。

また、このような仕事の複雑化と連動して、お客さまから直接感謝されるような機会も、大企業の仕事になるほど少ないといえます（そもそも最終的なお客さまと接する機会がないため）。これでは、仕事にやりがいを見出すことが難しいのも頷けます。そのような状態で、仕事の要求やプレッシャーだけが高まると、悪いストレスを感じるようになり、その期間が続くとメンタル不調を来します。そして、一度メンタル不調になると、なかなか元のパフォーマンスに戻すのは難しいといわれています。

では、そのような事態を避けるためにはどうしたら良いのでしょうか。

・やりがいのある仕事を見つけて転職する、または部署を異動する
・今の仕事に耐えながら資格の勉強などをして、キャリアチェンジを図る
・今の仕事に耐えながら副業を始めて、当たったら起業する
・リスクを取って今の仕事を辞め、起業する

・今の仕事は生活の手段と割り切って、趣味に生きる

いろいろな方法が考えられますが、どれも状況を変えるには、一定の時間を要します。しかも、その先に本当にやりがいを見つけられるかどうか保証はありません。

では、もっと即効性があり、確実に仕事のやりがいを高められる方法はないのでしょうか。その答えが、リトルCを実践することです。

私がこれまでに出会ったクリエイティブな人たちは皆、このリトルCの実践に長けていました。そのおかげで、仕事を楽しむことができ、大きなやりがいを感じていました。でもこれは、一部の特殊な人たちだけに当てはまることではまったくありません。私たちのごく身近なところで、リトルCを実践している人たちはたくさんいます。

例えば、次のような工夫をしている人たちがいます。

・レジ打ち係の人が、買いものかごに商品をいかに無駄なくきれいに入れるかを工夫することでお客さまに喜んでもらう

・バスの運転手が、降りる乗客に対して、「後ろから自転車がきているので、気を付けてください」とマイクでひと言アナウンスをする
・ビルの清掃員の人が、来客したお客さまに、「いらっしゃいませ」とひと言声をかける

このような工夫を実践することで、イキイキと仕事をしている人たちがたくさんいるのです（もちろん、仕事以外でもたくさんのリトルCが考えられます）。

これらは誰の許可を得る必要もなく、自分で判断でき、自己完結します。そして、相手の反応というかたちで結果が明確に「見える化」され、ときには感謝の言葉やフィードバックをもらえるかもしれません。

一方で、このような些細なことでも、新しいことをするには、小さな勇気と小さな責任が伴います。小さなリスクを取るともいえるかもしれません。そして、小さな責任やリスクを取って行動した結果がポジティブなものだと、小さな成功体験として記憶されます。すると、脳の報酬系システムが活性化し、ドーパミンが分泌されることで、「またあの成功体験を味わいたい」という気持ちになります。しかし、脳はやがて馴化しますので、新たな工夫を考え出し、もう一度、小さな成功体験の喜びを味わえるように別の工夫をす

るようになります。つまり、1つの行動（工夫）だけでは飽きてしまうので、常に新しい工夫を考え続け、実践で試してみることが大事なのです。

この小さな成功体験を積み重ねていくと、やがて少し大きなクリエイティビティを発揮したくなります。そして、それがまた成果につながれば、どんどん自信が出てきますよね。

このような状態になれば、メンタル不調とは無縁の、やりがいのある仕事生活を送れるようになります。その姿は、必ず誰かが見ているものです。それが新たな出会いを生んだり、次へのステップアップにつながったりする可能性もあります。

クリエイティブな人たちは多かれ少なかれ、このプロセスを辿り、仕事に自信とやりがいを感じながら、メンタルの強さを手に入れているのです。

この「小さなクリエイティビティ（リトルC）」を発揮するには、ポジティブな感情を持ち、活性度の高い状態でないといけません。人間は放っておくと、すぐにネガティブ思考になりやすい生きものですので、意識的にポジティブな感情を持つ時間を長くすることが大事になります。そのためにどうするべきかを本書の第2章と第3章でご紹介します。

最後に、メンタル不調を来しやすい人は、もともとの気質が繊細であるケースが多いのですが、実は繊細な人ほど観察力に優れ、他人が気づかないポイントにもよく気付くため、リトルCを発揮するのが得意な傾向があります。

つまり、**メンタル不調になりやすい気質の人ほど心がけ次第で「クリエイティブな人」になることができ、結果としてメンタル不調を予防できる可能性が高いのです。**

本書では、クリエイティブな人たちが実践している「クリエイティブ・メンタルマネジメント法」の全体像を示し、「なぜ、クリエイティブな人はメンタルが強いのか?」という問いの答えを明らかにしていきます。そのため、次章からは、リトルCを発揮するために必要な「メンタル・リソース」の整え方、リトルCの実践方法、「仕事のやりがい」を高める方法、そして、ウェルビーイングになるにはどうすれば良いかについて、学術的エビデンスや私自身の経験をもとに説明していきます。

第1章

メンタル・リソースの充実①
ポジティブ感情編

「クリエイティブ・メンタルマネジメント法」の基本はメンタル・リソースを充実させることです。第１章と第２章では、それぞれ「ポジティブ感情」と「活性度」に焦点を当て、どのようにしたらメンタル・リソースを充実させられるかについて説明します。メンタル・リソースを充実させることが、第３章で述べる「リトルC」を実践するための土台になります。クリエイティブな人は、メンタル・リソースを充実させるように意識して行動しているのです。

本章を読めば、ポジティブ感情の効果がわかるだけでなく、ポジティブ感情が生まれやすい習慣をつくったり、ポジティブ感情を増やす行動を取れるようになったり、不安をコントロールしたりできるようになります。

メンタル・リソースを充実させるための第一歩を踏み出しましょう。

ポジティブ感情の効果を知る

脳はネガティブなことに強く反応する

序章で述べた通り、クリエイティビティを高める上で、ポジティブな感情はとても大事です。クリエイティブな人は意識的にポジティブ感情を維持する習慣を身に付けていますが、これは自然に身に付くわけではありません。

次のような状況を想像してみてください。

あなたはある商品のマーケターだとします。ある日、担当している商品が、消費者調査で第1位を獲得したニュースをウェブで知りました。同時に、その商品に対して、お客さまからクレームが入ったというメールを受信しました。同時に飛び込んできた2つのニュースに対して、あなたの脳はどちらにより強く反応するでしょうか。

どうやら、私たちの脳は、ポジティブなことよりもネガティブなことに強く反応しやすいようです。アメリカの心理学者、ジョン・T・カシオポ博士らは、25人の参加者に、ポジティブ感情を想起させる写真（遊園地で楽しむ人々の写真など）、ネガティブ感情を想起させる写真（銃の写真など）、そして、そのどちらでもない中立な写真（お皿やヘアドライヤーの写真など）を見せ、そのときの参加者の脳の反応を脳波計で測定する実験を行いました。

実験の結果、ポジティブな写真や中立の写真よりも、ネガティブな写真からの刺激に、脳は最も強く反応することがわかりました。この実験で測定されたのは「事象関連電位」という思考や認知の結果として生じる脳の反応で、特に記憶や予測、注意や心理状態の変化などによって発生します。

人は進化の過程で、様々な外敵から身を守るために、ネガティブなイベントをいち早く察知し、それを未然に回避するように脳が発達したと考えられています。これを「ネガティビティ・バイアス」といいます。そうであれば、私たちがネガティブ思考になってしまうのは、やむを得ないともいえますね。

フランスの哲学者アランはその著書『幸福論』の中で、「悲観主義は気分だが、楽観主義は意志である」と述べています。この言葉からもわかるように、私たちは気分にまかせていると、どうしてもネガティブな感情になりやすく、ポジティブな感情になるには、意志をもって自分をポジティブな感情を持つように仕向けることが必要だといえます。

ポジティブ感情は視野を広げ、選択肢を増やす

私たちはネガティビティ・バイアスの影響を受けるとはいえ、クリエイティブな人は、ポジティブな感情を持続させることにとても長けています。そして、ポジティブ感情には、クリエイティビティを高めることにつながる様々な効果があることが研究で明らかになっています。

その1つが、注意の範囲を広げ、思考や行動の選択肢を増やしてくれる効果です。

アメリカのポジティブ心理学者であるバーバラ・フレドリクソン博士は、ポジティブ感情によって、注意の範囲や思考・行動の選択肢がどう変化するか、興味深い実験を行いました。

次ページの図を見てください。「Aの図形を、BかCのどちらかに分類しなさい」と言われたら、あなたならどちらに分類しますか。

フレドリクソン博士の実験では、104人の大学生を3グループに分け、まず約2分間

の動画を見てもらいました。1つ目のグループは、ポジティブ感情（喜び、満足）を引き起こす動画、2つ目のグループは、ネガティブ感情（怒り、不安）を引き起こす動画、3つ目のグループは中立の動画（棒の動画）を見ました。その後に、上記の課題に回答してもらいました。

結果は、ポジティブ感情を引き起こす動画を見たグループは、他のグループよりもBを選ぶ確率が高いことがわかりました。これはどういうことでしょうか。

AとBの図形は、大局的に見ると「正三角形に配置されている」という共通点があり、AとCの図形は、局所的に見ると構成する部品が「四角形」という共通点があります。注

図2　Aの図形をどちらに分類するか？

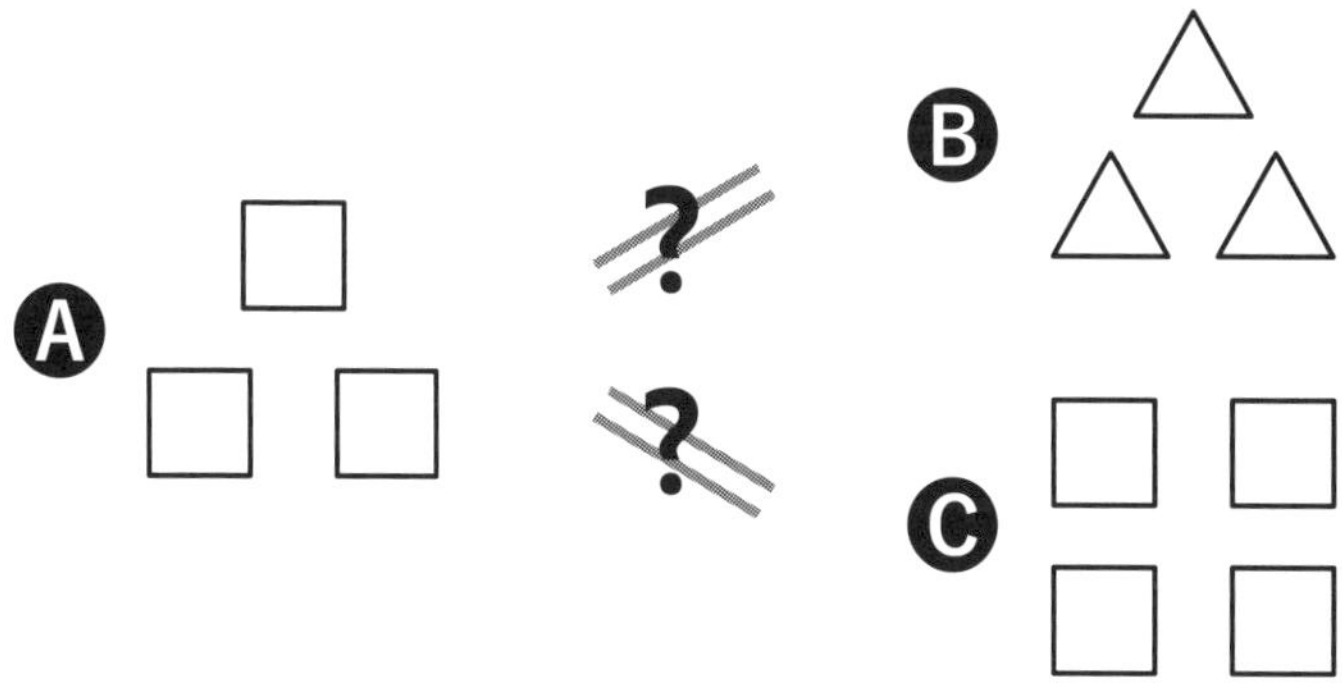

出典：Fredrickson, B. L., & Branigan, C. (2005)をもとに作成

意の範囲（視野）が広いと、大局的に類似するBの図形を、注意の範囲（視野）が狭いと、局所的に類似するCの図形を選ぶことになります。

つまり、この実験で考えられるのは、約2分間の動画でポジティブ感情を喚起されたグループは、注意の範囲（視野）が広がったため大局的にものを見るようになり、Bの図形を選ぶようになったと考えられます。

ちなみに、この実験で使用されたポジティブ感情（喜び、満足）を引き起こす動画はペンギンや自然に関する動画でした。人間は「可愛らしい」写真や動画を見るとポジティブ感情が高まるという研究結果があります（これについては後述します）。たった2分間でも、ポジティブ感情が喚起されたのです。

ポジティブ感情は身体の回復を早める

仕事で何かミスをしてしまったとき、上司や同僚から、「ポジティブ思考で行こう！」と言われても、なかなか素直に受け入れられない人も多いのではないでしょうか。私自身も、無理やりポジティブ思考になろうと思っても成功した試しがありません。やはり、ネガティビティ・バイアスの存在は強力なのかもしれません。しかし、次に述べるポジティブ感情の「元通り効果」を知ると、「ポジティブ思考は大事だ」と思えるでしょう。

先述のアメリカのポジティブ心理学者、バーバラ・フレドリクソン博士は、怖い映像を見て活発になった交感神経活動（緊張やストレス時に活発になる自律神経）が、最も早く元通りの活動レベルに戻るのは、次のいずれの映像を見たときか、実験を行いました（いずれの映像も約2分間視聴）。

① 楽しい映像（子犬や波の映像）
② 悲しい映像（泣いている場面の映像）
③ 中立な映像（棒切れの映像）

自律神経の活動は、心拍の変動（ゆらぎ）を測定するウェアラブルセンサによって測定しました。

結果は、①の楽しい映像（子犬や波の映像）を約2分間見ると、20秒もしないうちに、交感神経活動が元の活動レベルに戻ったのです。一方、③の中立な映像（棒切れの映像）では、元通りの活動レベルになるのに2倍の40秒、②の悲しい映像（泣いている場面の映像）に至っては、3倍の60秒もかかりました。

つまり、ネガティブな出来事が起きて、交感神経が興奮し、心血管系の反応（心拍数、血圧）が高まっても、ポジティブな感情になると素早く元通りになる可能性が、科学的に示されたのです。これをフレドリクソン博士は「元通り効果（Undoing Effect）」と呼んでいます。

ネガティブ感情に襲われたときは、この「元通り効果」を意識して、**自分がポジティブになれる動画（例えば、動物の赤ちゃんの動画や、お笑い動画など）を見て、交感神経の興奮を短時間で元に戻すことを心がけてみましょう。**

ポジティブ感情はストレスの緩衝材になる

ポジティブ感情の科学的効果として、さらに興味深い研究があります。ポジティブ感情は、人がストレスにさらされたときに、いわば、緩衝材のような役割を果たすのではないかという「ストレス緩衝仮説」を、カリフォルニア大学ロサンゼルス校の研究者らは検証しました。

この実験では、60人の健康な成人を対象に、ポジティブな感情を持ちやすい性格かどうかを測定しました。次に、参加者全員の皮膚に医療用のテープを貼り付けて、それを剥がして皮膚保護膜を壊した後に、どのくらいの時間で皮膚の保護膜が回復するかを調べました。その過程で、参加者には心理的なストレス負荷がかけられました。

その結果、ポジティブな感情を持ちやすい性格の人は、ストレス負荷後の皮膚保護膜の回復が早かったのです。また別の実験では、夫婦の仲が良く、サポート関係があると、傷の回復が早く、夫婦間の不和が多い夫婦は傷口の治癒が遅いことも明らかになりました。

これらの研究から、ポジティブ感情は、ストレスに対する緩衝材の役割を果たし、心だけでなく皮膚を治癒する力になる可能性もあるとわかりました。

いかがでしょうか。こうしたエビデンスを知ると、ネガティビティ・バイアスに打ち負かされそうなときでも、「ポジティブ思考になろう」と思えるのではないでしょうか。

クリエイティブな人は、ネガティビティ・バイアスに囚われてしまうと、クリエイティブな解決策を考えるための認知的リソースが奪われてしまうことを直感的に知っています。そのため、ものごとをポジティブに捉えられるように、ものの見方を変えたり、ネガティブな状況からいったん離れたりと、状況に応じた対応ができます。

ポジティブ感情が生まれやすい習慣をつくる

今この瞬間を「味わう」こと

先述の通り、私たちはネガティビティ・バイアスにより、放っておくとネガティブ思考になりやすいわけですが、これは日常の行動の中で、ポジティブな感情が生まれやすい習慣をつくることで変えていけます。

第一歩として、まずは「味わう」ことの大切さについて説明します。

「味わう」というと、すぐに思い浮かぶのは食事のシーンではないでしょうか。例えば、ワインやウイスキー好きの人は、飲む前にグラスを傾け、その色や香りを堪能し、そのワインやウイスキーができるまでの過程に思いを馳せることもあるかもしれません。一方、この「味わう」(Savoring：セイバリング)は、実はポジティブ心理学ではとても重要な概念だと考えられています。

「味わう」という概念は、アメリカの社会心理学者フレッド・ブライアント博士によって提唱されたもので、学術的には、ポジティブな出来事に対する自分の感情をしっかり意識し、それに対して心を込めて関与することとされます。つまり、ポジティブな出来事をしっかりと噛みしめるのです。それにより、ウェルビーイング（幸福感）が高まるという研究結果が多数あります。

「なんだ、そんな簡単なことか」と思うかもしれませんが、私たちが日常生活の中でいかに「味わう」ことを疎かにしているかを明らかにした研究があります。ので、次に紹介します。

注意散漫な私たちの日常

最近では、歩きスマホをしている人をよく見かけます。本来、目の前の障害物や人を避けることを最優先に考えないといけないわけですが、いわば、「心ここにあらず」の状態です。その状態で、**目の前の課題や出来事から注意が逸れて、無関係な思考を行う現象を「マインドワンダリング」（心が彷徨っている状態）といいます。**私たちは思っている以上に、普段、このマインドワンダリングの状態にあるようです。

アメリカのハーバード大学の研究者らは、2250人のアメリカ人を対象に、iPhone

を使ったウェブ調査で、マインドワンダリングの状態を調べました。具体的には、一日に数回、「今の気分はどうか？」「今、何をしているか？」、「今、やっていること以外のことを考えているか？（つまり、マインドワンダリングか否か）」について、iPhoneを使ってほぼリアルタイムで回答してもらったのです。

その結果、なんと回答全体の46・7％がマインドワンダリングの状態であると明らかになりました。さらに、マインドワンダリングな状態にあると幸福度が下がることもわかりました。

マインドワンダリングは、ネガティブなことをあれこれ考えてしまう場合、楽しいことを考える場合、どちらでもないことを考える場合の3パターンがありますが、興味深いことに、楽しいことを考えるマインドワンダリングであっても、今この瞬間に集中しているときの幸福度には敵いませんでした。まして、ネガティブなことをあれこれ考えてしまう場合は、大幅に幸福度が下がっていました。

「味わう」の3つのタイプ

このように、マインドワンダリングと「味わう」は対極にある状態です。クリエイティブな人は、マインドワンダリングの状態をクリエイティブな発想にうまく利用する方法を知っている（これについては後述します）一方で、「味わう」ことにも長けています。つまり、アイデアをあれこれ考えてマインドワンダリングになっている状態と、ポジティブな出来事に対する自分の感情をしっかり「味わう」ことのメリハリを上手に付けられるということですね。

ブライアント博士によると、「味わう」には主に3つのタイプがあります。

1つ目は、未来に期待することです。近い将来に予定している楽しいことに対して、ポジティブな出来事が起こると期待することです（例えば、来週見にいく映画を楽しみにする）。

2つ目は、現在に浸ることです。現在のポジティブな体験に浸り、それをじっくり味わうことです（例えば、顧客からの感謝の言葉や商品・サービスに対する高評価を噛みしめる）。そうすることで、ポジティブな体験が強い記憶として刻まれます。

3つ目は、過去を思い出すことです。過去のポジティブな体験の記憶を呼び起こして、再びポジティブな感情を味わうことです（例えば、先週上司から褒められたことを思い出す）。

ただし、先述のハーバード大学の研究結果では、**楽しいことを考えるマインドワンダリングであっても、今この瞬間に集中しているときの幸福度には敵わないことが明らかに**

なっていますので、現在に浸ることが最も大事といえるかもしれません。現在のポジティブな体験に浸り、じっくり「味わう」ということですね。

休暇を「味わう」ことの効果

休暇を取ることが大事という認識は広がっており、昨今は日本でも有給休暇の消化率が重要な指標になりつつあります。しかし、単に休暇を消化すれば良いかというと、そうではありません。休暇をどれくらい「味わう」ことができたかによって、その後の効果がかなり変わってきます。

欧米では、2週間以上の長期休暇が一般的ですが、休暇の長さや休暇の過ごし方が健康やポジティブ感情、そして、ウェルビーイングにどう影響するか、オランダのフローニンゲン大学の研究者が調査しました。

対象は54人のオランダ人(平均42歳)で、参加者は、休暇の前、休暇中、休暇の後にそれぞれ複数の質問(過ごし方、喜び、リラックス、味わい、睡眠の状況など)に回答しました。参加者の平均休暇日数は23日でした。

分析の結果、休暇8日目で健康やポジティブ感情、ウェルビーイングの指標がピークに達するものの、仕事に復帰した初日から、これらの指標は休暇前の状態に戻ってしまいました。そして、この現象は、休暇期間の長さには関係がありませんでした。

しかし、さらに分析すると、興味深いことに、休暇中にその瞬間の経験を「味わう」ことができた人は仕事に復帰した後、健康やポジティブ感情、ウェルビーイングの指標が4週間経っても良好な状態で維持され、睡眠時間や睡眠の質に対する良い効果も2週間維持されました。


つまり、同じ日数の休暇でも、例えば、旅行先で見たものや一緒に行った人、新たに出会った人たちとの瞬間の経験を大事に「味わう」ことで、休暇の効果を格段に高められるのですね。

このような結果を前にすると、休暇中に仕事のことを考えるなど、もってのほかです。そして、クリエイティブな人はこのことをよく心得ていますので、休暇中は見事に気持ちを切り替えて、仕事の連絡手段も極力断つことを徹底しています。

「味わう」能力を高める4つの方法

では、休暇中に「味わう」能力を高めるには、どうしたら良いのでしょうか。ベルギーのリエージュ大学の研究者らは、「味わう」能力を高める方法として、次の4つを挙げています。

①ポジティブな表情をつくって相手にポジティブな気持ちを伝える
②現在の瞬間に注意を向けて感覚を研ぎ澄ます
③他の人と自分のポジティブな感情を共有する
④過去のポジティブな出来事を鮮明に思い出したり、未来のポジティブな出来事に期待したりする

順に解説していきます。まず①ですが、例えば、休暇中の旅先で感動したときに、それを表に出さずに抑制してしまうと「味わう」能力は低下します。これは非常にもったいないことなので、素直に感動を表に出しましょう。③もこれに通じるものがあります。つまり、感動を自分の中だけに閉じ込めず、他の人と共有することで「味わう」能力を高められるわけですね。

次に②ですが、これを実践する上で、おすすめはマインドフルネス瞑想です。といっても大袈裟なものではなく、例えば、目に見える1つの対象に意識を向けてみるだけでも十分な効果があります。

有名な例として、**「マインドフルネス・イーティング」（食べる瞑想）**があります。

例えば、レーズンを対象にした実験が有名ですが（レーズンは人の好みが中立のため実験に適している）、**食べる前にレーズンの色や形を眺め、次にその香りをゆっくり堪能してから、口の中にレーズンを入れ、レーズンと触れた舌や粘膜の感触を感じる、**といった具合です。これによって、現在の瞬間に否が応でも意識が向きます。これを休暇中の旅先での食事で（レーズンでなくても）何らかの食べものを対象に一度実践してみると良いでしょう。

さらに、「今この瞬間はあっという間に過ぎてしまう」と時間のはかなさを意識すると、目の前のことをもっと味わえるようになります。

最後に④ですが、休暇で訪れた旅先での楽しい写真をたまに見返すのは効果的です。BGM付きのスライドショーで眺めれば、楽しかった記憶が蘇ってくるので、「味わう」能力を高めるにはうってつけです。

このように休暇中のちょっとした心がけや行動で、「味わう」能力は高められるので、ぜひ実践してみてください。それによって、休暇後もポジティブ感情が持続し、メンタル・リソースを充実させることができます。

姿勢を意識すれば感情が変わる

「姿勢を正す」という言葉は、身体的意味のみならず、「気持ちを入れ替える」といった精神的な意味合いも含んでいますが、姿勢の良し悪しは感情に影響することが様々な研究で明らかになっています。例えば、落ち込んでいるときは、背中が丸まって姿勢が悪くなりがちですが、背中が丸まった姿勢で座る、あるいは歩くと、ネガティブな出来事をより多く思い出すことが実験で明らかになっています。これに関する2つの研究をご紹介します。

ドイツのヒルデスハイム大学臨床心理学部の研究者らは、うつ病の患者30名を対象に、参加者を、背中が丸まった姿勢で座るグループ（落ち込んだ姿勢のグループ）と、背筋を伸ばした姿勢で座るグループ（良い姿勢のグループ）に分けた後、パソコンに16個のポジティブワードと16個のネガティブワードを表示し、5分後にそれらをどれくらい記憶しているかを調べました。

結果は、落ち込んだ姿勢のグループはネガティブワードを多く思い出し、良い姿勢のグループは、ネガティブワードとポジティブワードをバランスよく同じぐらいの割合で思い出しました。

もう1つの研究も同じドイツのヒルデスハイム大学臨床心理学部の研究者らによるものですが、こちらの研究では、39名の学生を対象に、参加者を、前かがみで肩を落とした姿勢で歩くグループ（落ち込んだ姿勢のグループ）と、背筋を伸ばした姿勢で幸せそうに歩くグループ（良い姿勢のグループ）に分けた後、トレッドミルで歩行速度を一定に保った上で、それぞれの姿勢を維持しながら、10分ほど歩いてもらいました。その間、モニターに20個のポジティブワードと20個のネガティブワードを表示し、後に、それらをどれくらい記憶しているかを調べました。

こちらの結果でも、良い姿勢のグループは、ポジティブワードを6個、ネガティブワードを3・8個思い出したのに対し、落ち込んだ姿勢のグループは、ポジティブワードを5・5個、ネガティブワードを5・6個思い出しました。つまり、両グループでポジティブワードを思い出した数は大差ありませんでしたが、落ち込んだ姿勢のグループは、より多くのネガティブワードを思い出したのです。

これら2つの研究から、**座っているときや歩いているときに、背筋を伸ばして正しい姿勢を取ることで、ネガティブな感情になることを防げる**ことが示唆されました。

これは自律神経の働きからも説明できます。自律神経は脳の視床下部から出された命令に従って働きますが、背骨には交感神経、首と骨盤には副交感神経がありますので、悪い姿勢でそれらが圧迫され続けると、自律神経の働きが悪くなり、呼吸や体温、ホルモン調節、内臓機能に影響が出てくるため、感情にも悪影響が生じるのです。

歩行スピードを早める

先述の姿勢と感情の関係と同じように、歩行スピードや腕の振りの大きさなども感情に関係することが研究で明らかになっています。特に、人は悲しい気分のときや抑うつ傾向のときは、歩き方にその特徴が表れます。

ドイツのルール大学ボーフム臨床心理学部の研究者らは、14名の健常者と14名のうつ病患者の歩行時の動きを、モーションキャプチャーを活用して測定した結果、うつ病患者は健常者よりも歩くスピードが遅く、腕の振りや頭の上下動が小さく、しかし、上半身の横揺れは大きく、前かがみの落ち込んだ姿勢で歩くことが明らかになりました。

さらに、23人の健康な大学生を対象に、音楽を使用して悲しい気分と幸せな気分に誘導しながら、同様にモーションキャプチャーで歩行時の動きを測定しました。すると、なんと悲しい気分に誘導された被験者は、うつ病患者と同じで歩くスピードが遅く、腕の振りや頭の上下動が小さく、けれども上半身の横揺れは大きく、前かがみの落ち込んだ姿勢で歩いたのです。

したがって、**ポジティブな感情を維持するには、腕を大きく振ることを意識しながら速めに歩くように心がけましょう。**

さらに、歩いているときに持つ荷物の重さも感情に影響することが研究からわかっています。

アメリカのヴァージニア大学の研究者らは、実験の参加者を2つのグループに分け、1つのグループには重いリュックサックを背負ってもらい、もう1つのグループには何も背負わせず、目の前にある坂の角度が何度に見えるかを推測してもらいました。

その結果、重いリュックサックを背負ったグループのほうが、何も背負わなかったグループよりも、坂の角度が大きい（坂が険しい）と見積もったのです。つまり、私たちは、**身体が重いと感じると心も重く感じてしまい、目の前の坂が実際よりも険しく感じられたり、あるいは目標地までの距離が実際よりも遠く感じられたりするのです。**

したがって、普段持ち歩くカバンはなるべく軽くしておいたほうがよさそうです。特に、気持ちが落ち込みやすい日、例えば週初めの月曜日や長い連休明けの初日などは軽いカバンで出勤しましょう。カバンの中に必要でない書類や使う頻度の少ないものが入っているなら、思い切ってカバンに入れるのをやめてみましょう。そうすれば、身体のみならず心も軽くなります。歩行時の姿勢も良くなり、それがポジティブな感情を高めてくれます。

ストレスに対するマインドセットを変える

「ストレスは身体に悪い」「ストレスは避けるべきだ」というマインドセット（考え方）は一般的です。しかし、このマインドセットを変えることでストレスが有用なものになる可能性があることを、アメリカのイェール大学の研究者らが実験で明らかにしました。

この実験では、388人のビジネスパーソンを3グループに分け、3分間のビデオを数日おきに見せて、ストレスに対するマインドセットを次のように操作しました。

・1つ目のグループ：ストレスは自分を強くしてくれるというマインドセットに操作
・2つ目のグループ：ストレスは自分を消耗させるというマインドセットに操作
・3つ目のグループ（統制群）：どちらのマインドセットにも操作されない

その後、参加者は全員、気分や不安に関する質問や仕事のパフォーマンスに関する質問に回答しました。

結果は、「ストレスは自分を強くしてくれる」というマインドセットになったグループの気分や不安、そして、仕事のパフォーマンスに関するスコアは、そうでないグループのスコアをすべて上回っていました。

また、63人のビジネスパーソンを対象にした別の実験では、「ストレスは自分を強くしてくれる」というマインドセットになったグループは、ストレスフルな課題（人前でスピーチする課題）を与えられたときに、ストレスホルモンであるコルチゾールの分泌量が最適化されることがわかりました。つまり、コルチゾールの反応がもともと弱い人は強くなり、コルチゾールの反応がもともと強い人は抑制されたのです。

これらの実験から、ストレスに対するマインドセットを変えるだけで、ストレスを糧として有効に活用できる可能性があるとわかりました。**ストレスを感じる場面に直面したとき、「このストレスは自分を強くしてくれるものなんだ」と自分に言い聞かせて、みましょう。**初めのうちは難しく感じるでしょうが、少しずつ思考の癖を付けていくことで徐々に変化が生まれます。

ポジティブ感情を増やす6つのコツ

感情を発散する機会を持つ

ポジティブ感情が生まれやすい習慣を実践しながら行うと効果的な、ポジティブ感情を増やすための具体的な行動には、どのようなものがあるでしょうか。

人前で感情をあからさまに出すことがあまり良しとされない風潮が日本では強いですが、感情を抑制することにより健康に影響があることがわかっています。

アメリカのスタンフォード大学心理学部の研究者らは、180人の大学生（女性）を対象に、感情の抑制による心身の健康への影響を調査しました。実験では参加者を2つのグループに分け、全員に「楽しい」、「悲しい」、「中立」の3種類の短い映像（約3分半）を見てもらいました。

映像視聴の際、1つのグループには、一切の感情を抑制するように指示し、もう1つのグループには、そのような指示はしませんでした。ちなみに、「楽しい」映像はコメディ、「悲しい」映像はお葬式、「中立」の映像は幾何学的な模様の映像でした。

結果は、感情を抑制するように指示されたグループは、「楽しい」映像、「悲しい」映像を見た後、心臓血管系の活動が活発になり、ストレスや緊張のときに活性化する交感神経の活動が高まっていることがわかりました。一方、感情を抑制しなかったグループは、そのような傾向は見られませんでした。

ちなみに、感情を抑制するように指示されたグループでも、「中立」の映像の場合は、特に交感神経の高まりは見られませんでした。つまり、感情を揺さぶられたのに、それを抑制する場合に限って、交感神経の活動が高まったのです。

この研究以外にも、感情を抑制することで記憶力が低下したり、血圧が上昇したりする研究結果もあります。総じていえるのは、**感情を抑制すると心身の健康に良くない**ということです。もちろん、感情をそのまま出せない日常の場面は多々あると思いますので、どこかで感情を発散する機会を持つことが大事になってきます。

週1回以上、声に出して笑うことが大事

感情を発散する機会として、最も手っ取り早いのが、声に出して笑うことです。笑うと、身体に悪影響を及ぼす物質を攻撃してくれるリンパ球の一種のナチュラルキラー細胞（NK細胞）の働きが活発になり、自律神経のうち、リラックスしたときに働く副交感神経が優位な状態になります。

では、どのくらいの頻度で笑うことが大事なのでしょうか？

山形大学医学部による、40歳以上の日本人1万7152人を対象にした研究（通称「山形スタディ」）で、その答えが明らかになりました。この研究では、声に出して笑う頻度（週1回以上、月1回以上／週1回未満、月1回未満）に応じて、参加者を3群に分け、6年間、追跡調査しました。

6年間の追跡調査期間中に、257人が亡くなったのですが、分析すると、週1回以上、

声に出して笑う人に対して、月1回未満の人は、死亡リスクが約2倍であることがわかりました。また、声に出して笑う回数が多い人は、喫煙率が低く、アルコール摂取量が少なく、運動の機会が多いことも明らかになりました。つまり、**声に出して笑うことは他の健康行動にも関連する可能性がある**ということです。

「つくり笑顔」でも効果あり

週1回以上、声に出して笑うことが大事だとわかりましたが、そうそう笑うネタが見つからないという人に朗報です。実は、「つくり笑顔」でも笑うことと同等の効果が期待できるという研究結果があるのです。

ドイツの神経心理学者ヴィスウェーデ・ミュンテ博士らは、割り箸をくわえて、「つくり笑顔」をつくったときの感情や脳への影響を実験で調査しました。60ページの図の通り、割り箸を横にくわえると、表情筋の使い方が笑顔と同じになり、笑っているわけではありませんが、強制的に笑顔に似た表情になります。一方、割り箸を縦にくわえる（縦に唇ではさむ）と、沈鬱の面持ちになります。

ミュンテ博士らは、割り箸を横にくわえた参加者と、縦にくわえた参加者の脳波を計測しました。その結果、割り箸を横にくわえ、「つくり笑顔」をつくった参加者は、ドーパミン系の神経活動に変化が生じ、全般的な幸福感が高まりました。つまり、実際に笑っていなくても、笑顔に似た表情をつくるだけで、ドーパミンが分泌され、楽しくなったと考えられます。

また、別の研究では、「つくり笑顔」の状態と普通の表情の状態で、同じマンガを読んでもらい、その後、そのマンガの面白さを評価してもらいました。すると、「つくり笑顔」の状態で読んだほうが、マンガをより面白いと評価することもわかりました。

このように、「つくり笑顔」には、気分を楽しくさせる効果が本当にありそうですね。気分が落ち込んでいるときこそ、「つくり笑顔」を実践してみましょう。

図3　割り箸によるつくり笑顔の実験

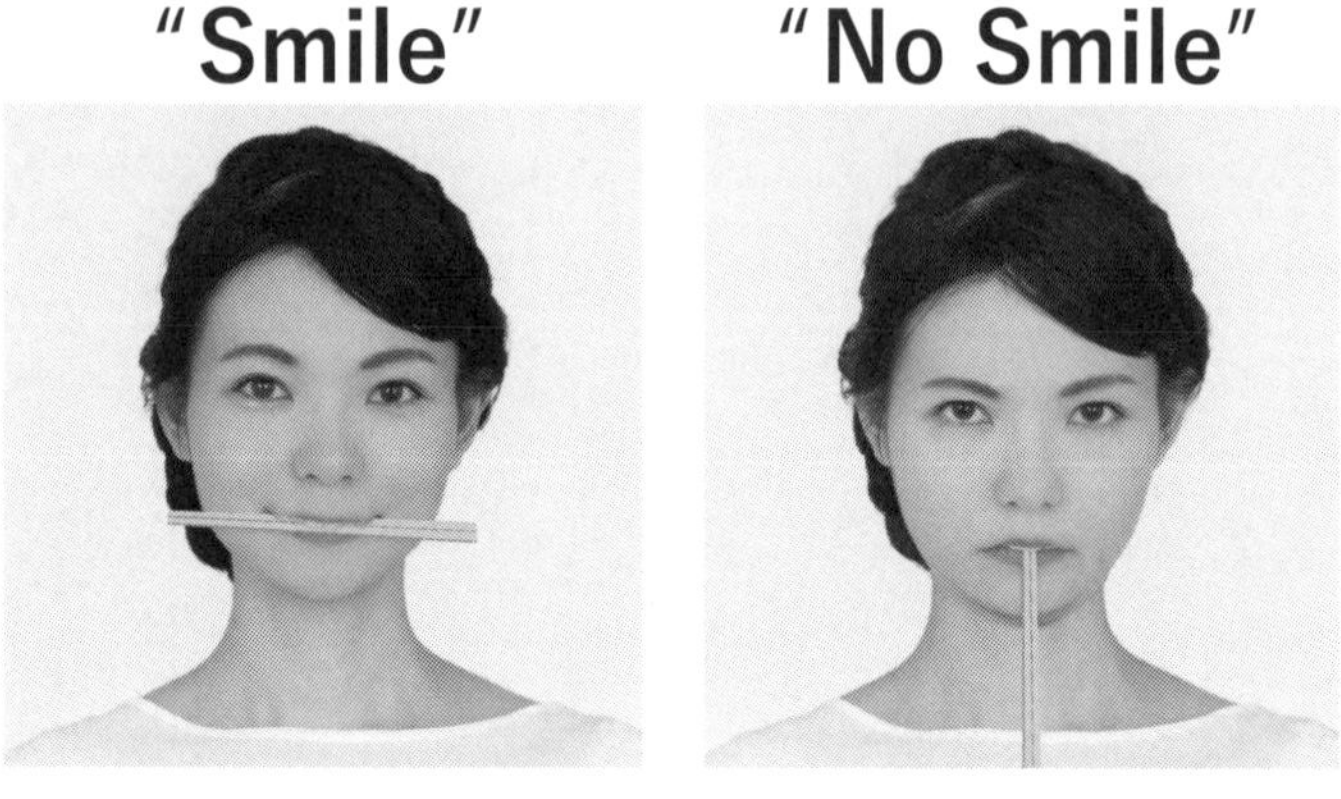

出典: Wiswede, D. et al., (2009)をもとに作成

「笑顔」でパフォーマンスを上げる

「笑顔」がゴルフのパフォーマンスを上げた実例を1つご紹介します。10年ほど前の事例ですが、2012年の女子プロゴルフの国内大会で、当時、不調に苦しんでいた原江里菜選手が、ショット直前に「ニコッと笑う」というルーチンを取り入れたことで、見事に復調し、第2位の成績を収めたのです。当時（2012年7月17日付）の『週刊ゴルフダイジェスト』の記事を引用します。

「スマイル作戦」が奏功！　原江里菜、笑顔の復調2位

日医工女子は韓国のジョン・ミジョンが優勝。難コンディションに多くの選手がスコアを崩すなか、ジョンを苦しめたのは、絶不調で苦しんでいた原江里菜。原復調の秘密は「スマイル」にあった。

（中略）

絶不調の原が打ち出した打開策は、なんとショット直前に、「ニコッと笑う」こと。日医工の2週間前、自律神経研究の第一人者、順天堂大学医学部の小林弘幸教授の門を叩き、自律神経を細かくチェックした。そこで「私の場合、口角を上げると、パフォーマンスがアップすることがわかったんです」（原ショットでもパットでも、口角を上げ、笑顔でアドレスに入るとベストパフォーマンスできることを知った原は、最終日に69をマーク。好調だったパットにも秘密があったそうで「パターはずっとグリップを握っているものですが、打つ前にはグリップ部分を握らないで、シャフトを握っていたほうが、私の場合、緊張しにくいんだそうです」(原)

——出典：週刊ゴルフダイジェスト　2012年7月17日

この原選手の「口角を上げると、パフォーマンスがアップする」という発言は、まさに上述の「つくり笑顔」の効果です。私も、順天堂大学医学部の小林弘幸先生と一緒に、実際にリアルタイムで原選手の自律神経を、ウェアラブルセンサを使って測定しましたが、口角を上げることで、体の余計な力が抜け、副交感神経が高まる様子を確認しました。

このように、「笑い」や「つくり笑顔」は、ポジティブ感情を増やすだけに止まらず、アスリートやビジネスパーソンのパフォーマンスを向上させる効果も期待できます。

「かわいい」写真をうまく活用する

「笑い」は何も声に出して笑うことだけに限りません。思わず微笑んでしまうようなちょっとした「笑い」にも効果があります。では、私たちはどんなときに思わず微笑むのでしょうか。例えば、「かわいい」写真や動画を見たときは思わず微笑んでしまいますよね。

この「かわいい（Kawaii）」という言葉は、海外でもそのままの発音と意味で通じる日本語として広まっています。これは日本のアニメやマンガといったサブカルチャーのコンテンツを通じて、日本の魅力を海外にどんどん発信しようとした日本政府の「クールジャパン戦略」がきっかけです。

そして、子猫や子犬など動物の赤ちゃんのような「かわいい」写真を見ると、癒されるだけでなく、他にも良い効能があることが、日本の広島大学などの研究で明らかになりましたので、ご紹介します。

実験には48人の大学生が参加し、参加者は、人体模型の穴から小さな部品をピンセットでうまく取り出すという、器用さと注意力が求められる作業をするように指示されました。1回目の作業を終えた後、参加者は3つのグループに分けられ、それぞれ以下の種類の写真（7枚）を90秒間眺め、好きな順番に並べ替えるように指示されました。

・子猫や子犬の写真

・大人の猫や犬の写真
・食べものの写真（統制群）

その後、1回目と同様の作業を再び実施しました。そして、1回目と2回目の作業の成績を比較しました。

その結果、とても興味深いことが明らかになりました。子猫や子犬の写真、つまり「かわいい」写真を見たグループは、器用さと注意力が求められる作業の成績が約44％も向上したのです（他のグループは約11％の向上に留まりました）。他にも、たくさんの数字の中から特定の数字を探し出す課題でも、子猫や子犬の写真を見たグループは、他のグループよりも成績が良いことが確認されました。

研究者らは、動物の赤ちゃんのような「かわいい」写真を見ることによって、ポジティブ感情が喚起され、その結果、注意力が高まったと考えています。また、動物の赤ちゃんの写真から、「養育愛」（赤ちゃんを世話したい気持ち）が喚起され、それがより慎重で注意深い行動につながったとも考察しています。

このように、**日本人に馴染みの深い「かわいい」という感情を喚起してくれる写真や動画は、私たちに無意識のうちに微笑みをもたらし、ポジティブ感情や注意力をアップしてくれる**ので、仕事の合間などにしばし眺めてうまく活用しましょう。自分のお子さんの小さいときの写真をスマホの待ち受けにしているビジネスパーソンをよく見かけますが、これも有効ですので、ときどきじっくり眺めるようにすることが大事ですね。

スマホの自撮りを日課にする

他にも簡単にポジティブな感情になる方法として、スマホのカメラでの自撮りが効果的であることが、カリフォルニア大学アーバイン校の研究者らの研究で明らかになりました。

この研究では、41人の参加者に1日1回、3週間にわたって、スマホのカメラで写真を撮ってもらい、その間の日々の感情変化をスマホアプリに記録してもらいました。なお、撮ってもらう写真の種類に応じて、参加者を以下の3つのグループに分けました。

・グループ１：笑顔の自撮り写真
・グループ２：自分を幸せにする何かの写真
・グループ３：他人を幸せにする何かの写真（実際にその写真を他人に送る）

分析の結果、なんとどのグループも3週間後にポジティブな感情になる効果が確認されました。さらに細かく分析すると、3週間継続していくうちに、グループ1（笑顔の自撮り）の参加者は、徐々に自然な笑顔を作れるようになり、グループ2（自分を幸せにする写真）の参加者は、徐々に思慮深くなり、これまで当たり前に思っていたい小さなことに対して感謝する気持ちが高まり、グループ3（他人を幸せにする写真）の参加者は、不安や興奮が最も鎮静化し、他人との結びつきが強くなりました。

ただし、スマホカメラで撮った写真をSNSにアップすることが目的になると、このようなポジティブ感情が消失してしまう可能性がありますので、自分のために、あるいは、大切な他者のために撮ることが大事です。

ちなみに、グループ2やグループ3で、自分や他人を幸せにする写真で最も多かったのが食べもので、どちらのグループも全体の約20％を占めました。やはり、人は食べているときが一番幸せなのかもしれませんね。

不安を上手にコントロールするには？

孤独になりやすい仕事環境

人間は誰しも不確実、不安定、あいまいな状況におかれると、不安やストレスを感じます。しかし、クリエイティブな人はそのような状況を苦痛とせず、むしろ楽しめます。なぜなら、うまく自分の感情をコントロールし、不安を回避できるからです。また、不確実や不安定、あいまいな状況下でも解決策を出せるという、自身のクリエイティビティに対する自信があるので、よりいっそう、うまく感情をコントロールできます。

この後、クリエイティブな人が実践している、不安をコントロールする方法についていくつか紹介していきますが、その前に、なぜ私たちのワーク・ライフでは不安という感情が起きやすいのでしょうか。

コロナ禍でリモートワークが広がったことで、働き方に大きな変化が起きました。あまり出社しなくなったことで通勤ラッシュを回避できたり、移動時間を節約できたりするメリットがある一方で、人とあまり会わなくなり、「孤独」が助長されています。

そもそも、コロナ禍にかかわらず、日本では一人暮らし（単身世帯）の割合が年々増えています。２０２５年には単身世帯の数が、２０１５年よりも８・４％増えて、１９９６万世帯（総人口の16％）になると予測されています。その中で、「社会的孤立」の問題が深刻になっています。

「社会的孤立」とは、友人や親族、近隣の住人など、身近な人との接触頻度が少ない状態を指します。一人暮らしをしていても、友人や知人、親族、ご近所さんとの付き合いが盛んな人は、社会的に孤立しているとはいえません。

「孤立」と似ている言葉に「孤独」があります。

「孤独」とは、寂しさや心細さといった情緒的な感情を抱いている状態を指します。したがって、仮に社会的に「孤立」していても、ネガティブな感情を抱いていない人は「孤独」には該当しません。逆に、他人とよく接していても、人間関係に満足しておらず、寂しさを抱いているような人は、「社会的孤立」には該当しませんが「孤独」に該当します。

終身雇用制度が当たり前で、「会社＝運命共同体」という色合いが濃い時代は、社内外で濃密な人間関係が築かれていたため、ビジネスパーソンは会社で他者と関わることから、仕事のやりがいを感じることができました。しかし、終身雇用制度の実質的な崩壊により、会社との長期的な関係を考えることが難しくなっている現在では、仕事の個業化、専門職化が進み、社内外における人間関係が希薄になってきています。そのため、「孤独」を感じるビジネスパーソンが増えているのです。

孤独とメンタルの関係

孤独は身体的な健康に様々な悪影響を及ぼしますが、メンタルにも大きく影響することが研究で明らかになっています。アメリカの心理学者のジョン・T・カシオポ博士によると、孤独は抑うつにも関連しているようです。

カシオポ博士らは、中高年のアメリカ人を対象に、2つの調査を行いました。1つ目の調査は、全米の54歳以上の成人1945人を対象にしたもので、調査の結果、孤独は年齢や性別、人種、教育、収入、結婚、社会的支援、およびストレスの影響を除いても、抑うつと関連することがわかりました。

2つ目の調査は、イリノイ州の50〜67歳の成人229人を対象にしたものです。3年間にわたって収集したデータを比較分析した結果、孤独は抑うつの原因になり、抑うつは孤独の原因になるという相互の因果関係が示唆されました。

また、孤独と抑うつの関連性は、女性よりも男性のほうが強いようです。つまり、**男性のほうが女性よりも、孤独になると抑うつ状態になりやすいのです。**一般的には、女性のほうが男性よりも抑うつになりやすいにもかかわらず、孤独から抑うつになりやすいのは男性なのです。リモートワークで孤独に陥らないように、男性は特に注意が必要ですね。

このように、私たちの身近にある孤独という状態は、人を不安にさせ、ポジティブな感情を低減させる原因になります。そこで、人との関わりをコンスタントに持てないときには、次に説明する孤独感を緩和する方法を試してみましょう。

手軽に孤独感を緩和するには

孤独を解消するといっても、簡単ではないと思うのが普通です。会社や地域のコミュニティに参加したり、趣味を持ったりして、新たな人間関係をつくるといっても、なかなか腰が重かったりもします。ここで述べる方法は、孤独の根本解決にはなりませんが、手軽に孤独感を緩和できる方法としては、試してみる価値があるものです。

人は、身体から得られる感覚運動情報と、言語や概念などの情報処理を脳内で同時に行っています。そのため、社会的な温かさや冷たさと、身体的な温かさや冷たさを同等に処理することが明らかになっており、これを身体化認知といいます。

イェール大学の研究者らは、この身体化認知を確かめるために、いくつかの実験を行いました。まず、人は暗黙のうちに、自分の生活における社会的な温かさの欠如（孤独感）を、肉体的な温かさの経験で補うのではないか、という仮説を立て実験を行いました。

具体的には、51人の大学生を対象に、普段感じている孤独感の強さと、入浴習慣（お風呂またはシャワーの頻度や時間の長さ）との関係を調査しました。すると、孤独感が強い人ほど、入浴（お風呂またはシャワー）の頻度が多く、時間も長いこと、そして、お湯の温度が高いことがわかり仮説が検証されました。

また別の実験では、参加者は温熱パック、または、冷却パックのどちらかを、1分間、手のひらに乗せたまま、孤独感に関するアンケートに回答しました。その結果、冷却パックを乗せて回答した参加者は、温熱パックを乗せて回答した参加者や統制条件の参加者よりも、孤独感のスコアが統計的に有意に高いことが明らかになりました。一方、温熱パックで身体を温めた参加者は、孤独感が低下していました。

これらの実験から、人はちょっとした身体感覚情報によって、孤独の感じ方が変化することがわかります。ということは、手軽に孤独感を緩和する方法として、**例えば熱めのシャワーを浴びたり、温かい飲み物で体内を温めたりするなどの手段が有効と考えられます。**リモートワーク時の簡単な孤独対策として、意識的に取り入れてみてください。

座りすぎの現代人

デジタルトランスフォーメーション（ＤＸ）の浸透により、アプリ開発やビッグデータの解析など、ＩＴに関連する業務を行うプログラマーやデータサイエンティストなどがどんどん増えており、ビジネスパーソンがパソコンに向かう時間は長くなっています。そして、コロナ禍による在宅ワークの浸透も、この傾向に拍車をかけているものと思われます。

パソコンに向かう時間が長いということは、それだけ座っている時間が長いということですね。座っている時間の長さと不安などの感情にはあまり関係がないと思うかもしれませんが、大いに関係がありますので、まずは日本人がいかに座っている時間の長い国民であるかを示す研究をご紹介します。

オーストラリアのシドニー大学の研究者らは、2011年に、世界20カ国における平日の総座位時間のランキングを報告しています。その中で、日本は「総座位時間」が一日平均7時間となっており、サウジアラビアと並んで、世界で最も座っている時間が長い国であることが、明らかになっています。

また、近年、「座りすぎ」によって健康を損なうリスクがあることが、様々な研究で明らかになっています。その中で、「座りすぎ」によって健康を損なうリスクは、飲酒や喫煙と同程度であることも報告されています。

シドニー大学の別の研究では、一日11時間以上座る人の総死亡リスクは4時間未満の人と比べて40%程度高くなることが明らかになっています。特に、座位時間が8時間を越えたところで、総死亡リスクが顕著に上がるようです。また、職場環境では、自分が思っているよりも座っている時間が長い傾向があることもわかってきました。

座りすぎと不安の関係

座っている時間が長いと身体的健康に悪影響があることは、先述の通りですが、メンタルへの影響はどうでしょうか。一見あまり関係がないようにも思えますが、オーストラリアのディーキン大学運動栄養科学部の研究者らは、座りがちの行動（Sedentary Behavior）と不安との関連について、過去に発表された約900本の論文の中から、より関連性の高い9本を抽出し、レビューしました。

その結果、平均座位時間が長い人ほど不安が強いという関連性があるとわかりました。エビデンスとしての強さは中程度でした（全9本の論文のうち7本で、座位時間と不安の強さとの間に正の相関が見られましたが、残り2本では見られませんでした）。

ちなみに、座っているときの行動の種類による違い、例えば、テレビを見ているのか、ゲームをしているのか、パソコンやスマホを見ているのかによって、不安の強さに違いがあるかも調べましたが、特に差は見られませんでした。つまり、総合的に座っている時間が長い人ほど、不安が強いという関連性が明らかになったのです。

このメカニズムははっきりわかっていませんが、研究者らは、座りっぱなしの生活は中枢神経系の覚醒や睡眠障害、代謝不良をもたらし、それらが不安の増長につながっているのではないかと考察しています。また、座りっぱなしの生活は社会的孤立や対人関係からの離脱につながり、それらが不安を強めている可能性もあります。

クリエイティブな人は、仕事の内容や時間帯によって、仕事の場所を変えることが得意です。一箇所に止まっていると思考が凝り固まり、クリエイティブな発想を阻害することを知っているからです。その結果、座りすぎも回避できるのです。

不安は的中するのか？

座りっぱなしの生活は不安を高める可能性があることがわかりましたが、私たちの不安は果たして、どのくらい的中するのでしょうか。

アメリカの認知行動療法の専門家であるロバート・L・リーヒ博士の研究によると、アメリカ人の約38％の人が、毎日のように不安を感じているようですが、リーヒ博士は実験の参加者に、何が心配なのか、そして、この先何が起こると思っているかについて、2週間、頭に浮かんだことを記録してもらいました。

そして、記録してもらった心配事と実際に起きたことを分析した結果、心配事の85％に対して、実際には「良いこと」が起き、さらには、悪いことが起きた残りの15％の場合でも、そのうちの79％は、予想よりも良い結果につながっていることが明らかになりました。これらを計算すると、実に、**97％の心配事は取り越し苦労だったのです。**

楽観的に考えられる性格の人には、あまり参考にならない研究結果かもしれませんが、何をやるにも心配な人、日頃から漠然とした不安を感じやすい人には、とても勇気付けられる研究結果だと思います。

クリエイティブな人、例えば、起業家を例にとると、新しいビジネスを立ち上げることは不安だらけですし、立ち上げてからも心配は尽きません。でも、悪い方に考えておくと、それよりはマシな結果になることが多いというのは、私の個人経験に照らしても、実感として頷けますし、仮に悪い予想が的中しても大抵は対処が可能で、対処した結果、予想よりも良い結果になることが多い気がします。

不安を感じるからこそ、入念に準備をするようになったり、バックアッププランを考えたりするようになるメリットもありますが、過度に不安を感じるのは心身の健康、そして、クリエイティビティにとってマイナスなので、避けたいですね。

不安を書き出す

不安はさほど的中しないとはいえ、いざ不安に襲われたときには、どうしたら良いのでしょうか。人前でのプレゼンや大事な試験の直前に不安な気持ちに襲われると、脳のワーキングメモリに悪影響を与えることが明らかになっています。ワーキングメモリとは、脳の前頭前野の働きの1つで、作業や動作に必要な情報を一時的に記憶し処理するシステムを指しますが、不安や心配は、ワーキングメモリの容量をいっぱいにしてしまうため、高いパフォーマンスを発揮するために必要なワーキングメモリの容量がなくなってしまうのです。そのようなときには、クリエイティビティもまったく期待できません。

この不安の対処法として、アメリカのシカゴ大学心理学部の研究者が、とても興味深い実験を行いました。実験では、参加者は全員同じ数学のテストを受けるのですが、事前に、参加者は2人組のチームに分けられ、チーム成績が優秀であれば賞金がもらえること、試験の様子は評価のため録画されることが全員に伝えられました。つまり、非常に緊張する環境が用意されたわけです。そして、参加者は2つのグループに分けられ、1つのグループは、試験直前の10分間、そのとき感じている不安を書き出すように、もう1つのグループは、同じ10分間、何もしないで待つように指示されました。

結果は、不安を書き出したグループのほうが、何もしないで待っていたグループよりも、6%も試験のスコアが高かったのです。これは、**不安を書き出すことで、ワーキングメモリが解放され、高いパフォーマンスが発揮されたと考えられます。**

これくらいなら、緊張するイベントの直前でもできそうですね。紙だと難しい場合は、スマホやパソコンに入力するだけでも有効です。ちなみに、もともと不安を感じにくい人には、あまり効果が見られませんでした。

不安の解釈を変える

先ほどの不安を紙に書くという対処法は、筆記開示と呼ばれる手法ですが、もっと簡単に実践できる方法があります。それは、不安に対する自分の解釈を少し変える（再評価する）ことです。

ハーバード大学の研究者らは、140人の大学生を対象に、人前で短いスピーチを行う実験を行いました。スピーチの前に、1つのグループには「私はワクワクしている」と考えるように指示し、もう1つのグループには「私は落ち着いている」と考えるように指示しました。そして実際にスピーチをし、その内容を、「説得力があるか」「有能か」「自信を持っているか」「一貫性があるか」という4項目で、第三者が評価しました。

結果は、「私はワクワクしている」と考えたグループのほうが、すべての項目において、「私は落ち着いている」と考えたグループよりも、高い評価を受けたのです。他にも、知らない人の前でカラオケを歌う課題や、数学の問題を解く課題で、同様の実験を行いましたが、結果はいずれも同じでした。

この理由ですが、下図を見てください。

不安とワクワク（興奮）はともに、心拍数の上昇といった高い覚醒水準にある（図の上方）一方で、落ち着きは低い覚醒水準にあります。「不安」を「落ち着き」に変えるには、図の横軸の「感情価」を「ネガティブ」から「ポジティブ」に変えるだけでなく、図の縦軸の「覚醒水準」も「高い」から「低い」に変えないといけません。それに対して、「不安」を「ワクワク」に変えるには「覚醒水準」を変える必要はなく、「感情価」のみ変えれば良いので、そのほうがハードルが低いのです。

図４　覚醒水準と感情価

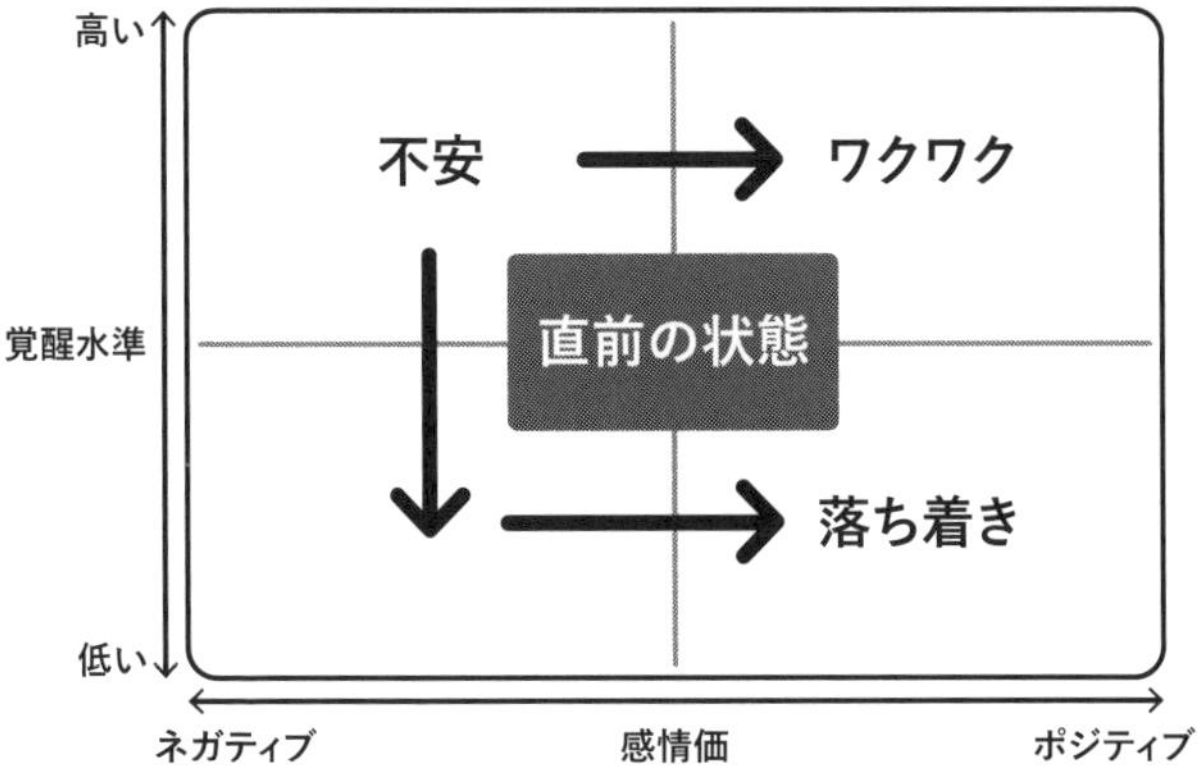

出典：Brooks, A. W. (2014)をもとに作成

一般的に、プレゼンの前には、「落ち着け」と念じる人が多いように思いますが、これからは**「ワクワクしてきたぞ」と念じる**ようにしましょう。私もよく試しますが、この方法は非常に効果的だと感じています。

クリエイティブな人は緊張する場面を楽しめるように、緊張する行為の中にも何か1つ楽しみを見つける傾向があります。人前でのプレゼンであれば、ちょっとした笑いのネタを仕込んでおくことが、聴いている人のみならず、自分の「ワクワク」を促すためにも有効です。

マインドフルネスになる

私たちは、普段、目の前のことに取り組んでいるようでいて、実は過去や未来のことを考えて、「心ここにあらず」の状態になっていることが実に多いことは先述の通りです。特に、過去の失敗を思い出したり、未来の漠然とした不安が頭をよぎったりと、ネガティブな感情が心に浮かんでいることが多いのです。マインドフルネスは、そのような状況を脱却して、「今ここでの経験に、評価や判断を加えることなく能動的な注意が向いている状態」を指します。

新しいアイデアやプロジェクトを企画・実行したり、あるいはビジネスを立ち上げようとしていたりするクリエイティブなビジネスパーソンにとって、マインドフルネスであることはとても大事です。例えば、起業家の場合、起業の過程は、トライ&エラーの繰り返しでもあります（少なくとも、私はそうでした）ので、メンタルが弱くなると、過去の失敗を思い出したり（例：あのアプリの不具合が起きなければ、もっと多くのユーザーを獲得できていたのに）、未来への不安が頭をよぎったり（例：今年の売り上げは大丈夫だろうか、キャッシュフローは回るかなぁ）と、ネガティブな感情になりかけることは多々あります。しかし、前を向いて、目の前のことを一つひとつこなしていかないことには、何も生まれません。そのときに、「今ここ」に集中する、マインドフルネスの考え方や技法は大いに助けになります。

「マインドフルネス・ストレス低減法」とは？

「マインドフルネス・ストレス低減法」（MBSR：Mindfulness Based Stress Reduction program）は、マサチューセッツ大学医学部のジョン・カバットジン博士が、1979年にマサチューセッツ大学メディカル・センターにて創始したもので、もともとは、疼痛に悩む患者の身体の痛みによるストレスを緩和することを目的としていました。取り除くことが難しい痛みに対し、それとうまく付き合っていくことを学ぶことで、人生をより豊かにしていくことをサポートしていたのです。

現在は、実際の体験やグループ学習を重視した8週間のプログラムになっており、毎週1回、2、3時間のクラスに参加するほか、毎日45分間のマインドフルネス瞑想を日常生活で実践します。このプログラムによって、様々な身体的ストレスや精神的ストレスを低減する効果が研究で明らかになっています。なお、マインドフルネス・ストレス低減法では、テーラワーダ仏教の伝統的な瞑想法が基本的に取り入れられていますが、誰でも気兼ねなく参加できるように、宗教性は注意深く排除されています。

アメリカのウィスコンシン大学の研究者らは、プログラム開発者のジョン・カバットジン博士らとともに、健康なオフィスワーカーを対象に、8週間の「マインドフルネス・ストレス低減法」を実施した群と、しなかった群（統制群）を比較する調査を行いました。

結果は、実施群では、インフルエンザワクチンに対する抗体価が有意に増加しました。このことから、マインドフルネス瞑想の8週間のプログラムが、脳と免疫機能に効果をもたらすことが示されました。また、実施群では、ポジティブな感情と関連する脳の左側前部の活動が有意に増加することもわかりました。

短期間のマインドフルネス瞑想でも効果あり

マインドフルネス瞑想がストレスや不安の低減に有効だとしても、忙しいビジネスパーソンにとって、そこにたくさん時間を費やすことは現実的でないかもしれません。しかし、短期間、短時間のマインドフルネス瞑想の実践でも、十分に効果的である可能性がいくつかの研究で示唆されていますので、そのうちの1つをご紹介します。

アメリカのウェイクフォレスト大学医学部神経生物学科の研究者らは、1日20分、4日間、マインドフルネス瞑想のトレーニングを受けるグループと、同じ期間・時間、本の朗読を聞くグループ（統制群）を比較しました。結果は、マインドフルネス瞑想のトレーニングを受けたグループは、本の朗読を聞いたグループよりも、不安感、疲労感が大幅に低下しました。それだけでなく、視覚による空間処理能力や、作業記憶（ワーキングメモリ）、脳の実行機能も大幅に改善されました。

つまり、仕事の合間などに、マインドフルネス瞑想を取り入れることで、注意能力が回復し、その後の仕事の効率アップが期待できそうです。さらに短い時間のマインドフルネス瞑想でも効果があるという研究もありますので、多忙なビジネスパーソンでも、少しの時間をマインドフルネス瞑想に投資することは理に適っていると思います。

アップルの創業者スティーブ・ジョブズは、禅や瞑想を通じて直感力を研ぎすまし、注意をそらす存在や不要なものを意識から追い出し、目の前のことに集中する方法を学び、ミニマリズムに基づく美的感覚を身に付けたといわれています。そして、歴史に残る卓越したクリエイティビティを発揮できたのです。

第1章まとめ

- クリエイティブ・メンタルマネジメント法の土台となるメンタル・リソースを充実させるために、まずは「ポジティブ感情」を増やす必要がある。
- 「ポジティブ感情」には、視野を広げ、選択肢を増やす効果や身体の回復を早める効果があり、ストレスの緩衝材の役割も果たす。
- 「ポジティブ感情」が生まれやすい習慣をつくるために、注意散漫にならず、今この瞬間を「味わう」ことが大事である。さらに、普段の姿勢や歩行スピードを意識したり、ストレスに対するマインドセットを変えたりすることも重要である。
- 「ポジティブ感情」を増やすために、感情を発散する機会を持ち、声に出して笑うことが大事であるが、つくり笑いや「かわいい写真」を見て微笑むことも効果的である。
- 不安をコントロールするために、孤独や座りすぎを避け、不安を書き出したり、解釈を変えたりすることが有効である。また、マインドフルネス瞑想を取り入れてみると効果的である。

第2章

メンタル・リソースの充実②

活性度編

第２章では、「クリエイティブ・メンタルマネジメント法」の土台となるメンタル・リソースのうち、「活性度」に焦点を当てて説明します。第１章で解説した「ポジティブ感情」と本章で述べる「活性度」という２つのメンタル・リソースを充実させることで、「リトルC」を実践するための土台が完成します。

「活性度」について述べる前にまず、自律神経を整えることや注意資源を回復することについて知らなければなりません。その後、活性度を高める習慣をつくることや、活性度を高める組織とはどのような組織かについて説明していきます。

本章を読んで、土台であるメンタル・リソースを完成させましょう。

自律神経を整える

自律神経の状態を知る

ウィークデイも半ばを過ぎた木曜日。翌日の金曜日になれば、「明日から休みだから、あと少し頑張ろう！」という気になるかもしれませんが、木曜日の場合はそうはいきません。なにせ、あと一日、金曜日が残っていますから。

私たちのコンディションは曜日ごとに変動しますが、そのコンディションの鍵を握るのが自律神経です。私の会社（ＷＩＮフロンティア）は、自社で開発した、スマホカメラに指当てをして自律神経を計測するアプリやウェアラブルセンサを使って、これまでに多くの人の日常生活における自律神経の状態を測定しており、計３０００万件以上のビッグデータを収集してきました。

また、私はベンチャー経営の傍ら、順天堂大学医学部の大学院（博士課程）で、自律神経の第一人者といわれる小林弘幸教授のもと、自律神経と生理心理学の研究を行い、主にビジネスパーソンのストレスや様々な感情の測定に携わってきました。そこから働く人の曜日ごとのコンディションについても、いろいろなことがわかってきています。その一端をご紹介する前に、そもそも自律神経とは何か、簡単に説明します。

自律神経は、内臓や血管の機能をコントロールする神経で、私たちの生命活動の根幹を支える非常に重要な機能を担っており、ストレスとも強い関係があります。そして、自律神経は次ページの図のように、「交感神経」と「副交感神経」の2種類に大別され、交感神経が体を支配すると体はアクティブな状態になり、同時にストレスを感じる状態になります。一方、副交感神経が支配すると体はリラックスした状態になります。

体が最も良い状態で機能するのは、交感神経と副交感神経の両方が高いレベルで活動している状態のときです。そして、自律神経の活動量の総量のことを「トータルパワー」と呼びますが、疲れが溜まってくると、このトータルパワーが低下してきます。では、曜日ごとにこのトータルパワーはどのように変化するのでしょうか。それを次にご紹介します。

自律神経の活動量が最も低下する「木曜日」

前述の通り、自律神経を計測するアプリやウェアラブルセンサを使って、日本人の日常生活における自律神経のデータを3000万件以上収集し、解析した結果、いくつかの重要なことがわかりました。

その中の1つが、「日本人が最も疲れを感じる曜日はいつか?」です。私たちのデータに基づく答えは「木曜日」でした。週の半ばを過ぎて、あともうひと踏ん張りすれば週末だという「木曜日」に最も疲労・ストレスを感じているようなのです。自律神経の状態としては、自律神経の総活動量であるトータルパワーが低い状態です。

もちろん、このような生体情報には個人差がありますので、万人にこれが当てはまるわけではなく、あくまでビッグデータを統計解析した結果です。しかし、感覚的に

図5　交感神経と副交感神経の良い状態とは

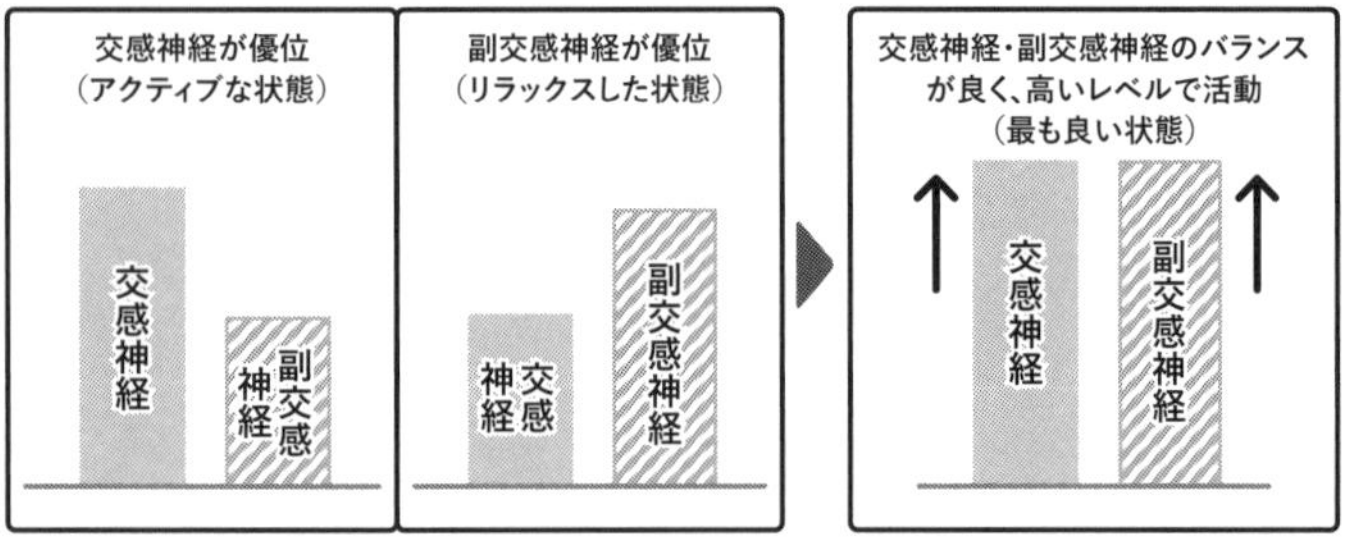

出典:筆者作成

木曜日に疲れのピークがやってくることに納得できる人は、ぜひ、**木曜日は早めに仕事を切り上げる、あるいは、木曜日は在宅勤務の日にするなど、意識的に対策をすることをおすすめします。**

特に、自律神経のトータルパワーが低い状態のときは、活力がない状態ですので、仕事の生産性は上がりません。また、クリエイティビティを発揮する上でも、覚醒水準が低いため、良いアイデアを出すには不向きだと考えられます。

クリエイティブな人は、自分の自律神経の状態を直感的に把握しており、自律神経のトータルパワーが低い状態のときは、無理をせず早めに仕事を切り上げる、あるいは、重要性の低い仕事を片付ける時間に充てるなど、行動を調整できますが、このような「木曜日」を乗り切るのに有用な方法を次にご紹介します。

「木曜日」を乗り切るために有効な呼吸法

先述のように自律神経の総活動量であるトータルパワーが低い「木曜日」を乗り切るのに有用な方法は、端的にいうと呼吸法です。呼吸法といっても世の中には様々な呼吸法がありますが、ここでおすすめするのは、「心拍変動バイオフィードバック呼吸法」というやや小難しい名前の呼吸法です。

しかし、やり方は至ってシンプルで、「息を吐く」と「息を吸う」の1サイクルを10秒で行う（つまり、1分間に6サイクル）だけです。「息を吐く」方を長くしたほうが良いので、**「7秒吐いて、3秒吸う」**がおすすめですが、個人差がありますので、7秒吐くのが苦しいと思う人は、「5秒吐いて、5秒吸う」から始めても良いです。この1サイクル10秒の呼吸法を行うことによって、心血管系の共鳴が引き起こされ、心拍変動が増大し、副交感神経の活動、ひいては、自律神経のトータルパワーを活性化させる効果があることが、複数の研究で明らかになっています。

本来、心拍数や心拍変動の値を測定し、それをモニターにリアルタイムで表示し、波形を確認しながら呼吸法を行います（これをバイオフィードバックといいます）。バイオフィードバックがなくても、スマホのタイマーなどで「吐く」と「吸う」の1サイクルが10秒になるように、時間を計測しながら呼吸するだけでも効果が得られます。

この「心拍変動バイオフィードバック法」による呼吸法を、1回15〜20分、1日2回、1週間継続することで、ストレスや不安の軽減効果が確認されています。また、「心拍変動バイオフィードバック法」による介入を行った24の研究をメタ解析したアメリカのボストン大学の研究でも、ストレスや不安の軽減に十分な効果があることが確認されています。

自律神経の総活動量であるトータルパワーが低い「木曜日」を乗り切る上では、前日の就寝前に10分程度、この1サイクル10秒の呼吸法を行うことをおすすめします。これを実施することで、睡眠の質が上がり、翌日の活性度が上がることを実感できるでしょう（もちろん、毎日実施するのが望ましいですが）。

クリエイティブな人の中には、日々の生活の中にマインドフルネス瞑想などを取り入れ、呼吸に意識を向ける習慣が定着している人が多いようです。そのような習慣があると、吐く息を長くした1サイクル10秒程度の呼吸法を日常生活の中で自然に実践できるようになるので、活性度を高く維持できます。

自然環境でのウォーキングの効果

自律神経を整えて活性度を高める上で、ウォーキングはとても効果的です。そして、ウォーキングをする環境は、住宅街よりも自然の中のほうがより効果的です。そのことを示す研究の一例として、アメリカのミネソタ大学疫学・地域保健学部の研究があります。

この研究では、23人のアメリカ人（主に女性、平均49・7歳、BMI高め）を対象に、自然環境での50分のウォーキングと、住宅街での50分のウォーキングでは、どちらが自律神経や血圧に良い影響を与えるかを調査しました。

実験の参加者は、自然環境の中で週1回50分のウォーキングを3週間行うグループと、住宅街で週1回50分のウォーキングを3週間行うグループに分けられました。ちなみに、自然環境とは、高い木や低い木に囲まれた池に沿ったコースで、住宅街とは、住宅エリア内の中程度の交通量の道路に隣接したコースでした。

実験の結果、自然環境の中での50分のウォーキングは、住宅街でのウォーキングよりも、心拍変動が高い状態、つまり、副交感神経活動が高い状態になることがわかりました。副交感神経が高くなったということは、ウォーキングによってリラックスした状態になったということになります。

血圧に関しては、どちらのグループも、ウォーキング後に、拡張期血圧（血圧の上の値）が有意に低下していましたが、グループ間での差はありませんでした。つまり、ウォーキングそのものが血圧を下げるのに有効であることが示唆されました。

この研究のユニークな点は、騒音の多い都市部ではなく、比較的静かな住宅街と自然環境におけるウォーキングの効果を比較したところです。その結果、自然環境で行うウォーキングのほうが効果は高いことが明らかになったのです。

したがって、時間があるときは、木々に囲まれた公園など少しでも自然の多い場所でウォーキングをして自律神経の活動量を増やし、活性度を高めるようにしましょう。

先述のアップルの創業者スティーブ・ジョブズは、生前、仕事の合間にウォーキングを取り入れて、歩きながら仕事の話をすることを好むことで有名でした。また、フェイスブック（現メタ）の創業者マーク・ザッカーバーグなど多くのクリエイティブな著名人も、やはり仕事の合間にウォーキングを取り入れることで有名です。

有酸素運動で自律神経を活性化

ウォーキングによって副交感神経が活性化すると述べましたが、ウォーキング以外にも、ジョギングやサイクリング、水泳、エアロビクスなど、ある程度の時間をかけながら、中程度の負荷で行う有酸素運動を継続すると、自律神経のバランスが改善し、活性度が高まる効果があることがわかっています。ちなみに、有酸素運動は筋肉を収縮させる際のエネルギーに酸素を使うため、こう呼ばれています。

アメリカのウェイクフォレスト大学医学部の研究者らは、23人の高齢者（平均69歳、心不全を患った人）を2つのグループに分け、1つのグループには、運動指導者の監督の下、1回1時間の有酸素運動（ウォーキング、および、サイクリング）を週3回行ってもらい、それを16週間続けてもらい、もう1つのグループはこのような運動はせずに同期間を過ごしてもらいました。

その結果、有酸素運動を定期的に行ったグループは、自律神経活動を示す心拍変動の指標が大きく向上していました。特に、リラックスしているときに活性化する副交感神経の活動を示す指標は、16週間で約70％増加していました。

若者を対象にした別の研究でも、有酸素運動を続けることによる自律神経バランスの改善効果が報告されています。運動は血管の内膜からの一酸化窒素の分泌を促し、副交感神経活動の活性化と交感神経活動の抑制に影響を与えると考えられています。

　このように、**有酸素運動を続けることで、年齢にかかわらず、自律神経のバランスを保てる可能性が示唆されました。**私の経験上、クリエイティブな人は、有酸素運動を習慣的に実施している人が多いと感じます。忙しい生活の中でも、早朝や夜の時間、あるいは、仕事のちょっとしたスキマ時間に、軽く体を動かすことを躊躇しない傾向があります。それによって、自然に自律神経のバランスを整え、活性度を高めているのです。

注意資源を回復する

アテンション・エコノミーの時代

　小さなクリエイティビティの土台となるメンタル・リソースを充実させるために、自律神経を意識して整え、活性度を高める重要性について述べましたが、次に意識したいのは、私たちの注意資源の配分です（注意資源については後に説明します）。

　私たちは、日々の生活で、意識的あるいは無意識に、様々な対象にその注意を向けています。インターネットの発達から、スマートフォンの登場によって、私たちは膨大な情報に常に注意を払う生活に、いつの間にか引き込まれてしまいました。そして、SNSの浸透により、私たちの注意は、ほぼリアルタイムでハイジャックされるようになりました。これによって活性度も大きく低下することになります。スマホの電源をあえて切る「デジタルデトックス」なる言葉が生まれたのは、必然の流れといえるかもしれません。

アメリカの社会学者マイケル・ゴールドハーバー博士は、インターネットの発達による情報過多の時代には人々の注意（アテンション）が貴重な資源となり、経済的価値を持つことを意味する「アテンション・エコノミー」という概念を、インターネット初期の1997年に提唱しました。人の注意という資源は有限ですので、この有限の資源を様々な企業が奪い合う結果、注意がお金のように交換材としての価値を持つようになるという考え方です。

多くのデジタルサービスで、無料あるいはフリーミアム（初めは無料だが、後に有料になる）サービスが無数に登場しているのは、私たちの注意が広告価値を高め、企業にお金をもたらすからです。私たちは、無料でサービスを利用する対価として個人情報を提供しているとはよくいわれますが、実は個人情報を提供しているだけでなく、有限の注意資源を消耗するという多大なコストも支払っているのです。

注意資源とは？

ビジネスでのコミュニケーションは益々スピードが求められる時代です。特にチャットアプリの浸透により、IT系のスタートアップのみならず、多くの企業で、メールよりも多くの注意を払うことが求められています。ここで、注意資源という言葉について、説明したいと思います。

私たちの注意力や集中力は、体力と同様、限りがあることを示しているのが、注意資源という目に見えない概念です。集中してプレゼン資料を作成しているときに、新入社員にパソコンの基本的な操作について聞かれたので、教えてあげていたら、取引先の部長から電話がかかってきて、慌ててパソコンの資料を探していると、つくりかけのプレゼン資料を保存せずに閉じてしまった、という状況を考えてみてください。

せっかくプレゼン資料の作成に全神経を集中させ、注意資源をそこに振り向けていたのに、注意は散漫になり、再び集中モードに戻るには、少し時間がかかることでしょう。これが注意資源を消耗したわかりやすい例です。この例で、プレゼン資料の作成に振り向けていた注意や、パソコンの資料を探していたときの注意、つまり、1つの方向にだけ向ける注意のことを、方向性注意（Directed Attention）といいます。

仕事では、この方向性注意がとても重要になることは容易に想像がつくと思います。重要な会議で使うプレゼン資料で、細かい言い回しやビジネス計画の数値のチェックをするときは、この方向性注意が全開になっているはずです。

しかし、冒頭で述べたように、私たちの注意資源は有限です。ずっと方向性注意を振り向けていると、あっという間に消耗してしまい、活性度も大きく低下してしまいます。せいぜい90分ほどが限界という研究結果もあります。では、注意資源を消耗しないようにするには、どうすれば良いのでしょうか。

マルチタスクを避ける

有限の注意資源の消耗を避けるために、できることはいろいろあります。ビジネスの世界では、あれこれといろいろ業務を同時にこなす、いわゆるマルチタスク能力が持てはやされる傾向にあります。特に、私が経験した起業の局面では、プロダクト開発の話をしながらマーケティング戦略について同時に考えたり、突然キャッシュフローが心配になったり、スタッフのモチベーションを気にかけたりと、注意資源はあっという間に消耗します。

少しでもこの注意資源の消耗を避けるためには、一つの業務に集中し、その時間は、他の業務のことは考えないこと、ただし、一つの業務にかける時間を明確に決めておき、多少切りが悪くても、あらかじめ決めた時間が来たら、別の業務に切り替えること、などのタイムマネジメントが重要になってきます。

このタイムマネジメントの重要性を理解する上で参考になる研究を1つご紹介します。

カリフォルニア大学アーバイン校の研究者らは、オープンスペースのオフィスと、物理的に分離されたオフィスでは、上司や同僚などから気軽に質問されたり、話し声が気になったりして、作業タスクが中断される頻度がどの程度か、そして、一度中断された作業タスクを再開するのにどのくらいの時間を要するか、24人のIT企業社員を13カ月にわたって観察調査しました。

その結果、オープンスペースのオフィスでは、全仕事（作業タスク）の約63％、物理的に分離されたオフィスでは約49％で作業タスクの中断が生じており、全体を平均すると、全仕事（作業タスク）の約57％で中断が生じていました。そして、一度中断が生じると、再びその作業タスクを再開するまでに、平均して２つの別の作業タスクが割り込むこと、それによって、再開までに平均約20分の時間を要することがわかりました。

いかがでしょうか。これはあるアメリカのＩＴ企業の社員を対象にした研究ですので、一般化するのは適切ではありませんが、多くの企業で似たような状況が発生していると推測されます。最近は、多くの会社が、作業タスクの種類に最適化したオフィススペースを設けたり、在宅ワークやシェアオフィスを組み合わせた働き方を推奨したりしていますので、良い方向に向かっているように思いますが、いずれにしろ、マルチタスクを避けて、タイムマネジメントをしっかりしながら、目の前の一つひとつのタスクに集中することが、注意資源の無駄な消耗を避け、活性度を維持する有効な方法です。

クリエイティブな人は一見割り込みタスクにも嫌な顔をせずに対応する傾向がありますが、本来は、やっているタスクを中断されることを好みません。特にクリエイティブな思考をしているときはなおさらです。そのようなときには、場所や時間を工夫することで、割り込みが入らない環境をつくり上げることにとても長けています。

自然による注意資源の回復

マルチタスクや割り込みタスクを極力避けようと思っても、他人と一緒に働いている以上は、注意資源の消耗をどうしても避けられない状況は多々あります。そのときは、消耗してしまった注意資源を回復するように努めることが大事です。

アメリカの心理学者スティーブン・カプラン博士は、植物を中心とした自然環境には無意識に注意が向き、精神的な疲労を軽減する効果があるという「注意回復理論」を提唱しました。オフィスの中、あるいは、**在宅ワークの場合は家の中に、こもりっきりにならず、短時間でも自然に触れることが大事です。**近くの公園や、少しでも緑のある環境に身を置いてみましょう。次に、この「注意回復理論」を実証した研究をご紹介します。

カプラン博士らの実験では、参加者を2つのグループに分け、1つのグループには「植物園」を、もう1つのグループには交通量の多い「繁華街」を、50分程度歩いてもらいました。その前後で、参加者全員が注意力を測定するテスト（読み上げられた3～9桁の数字を逆順に復唱する「Digit Spanタスク」）を行いました。例えば、「36789」という数字が読み上げられたら、「98763」と復唱できれば正解となります。このタスクでは、方向性注意と作業記憶（ワーキングメモリー）の役割が重要になります。

実験の結果、植物園を歩いたグループは、注意力テストのスコア、つまり、方向性注意が、約20％向上しました。一方、繁華街を歩いたグループは、約6％の向上に留まりました。繁華街を歩くときは、車や自転車など、特定の対象に細心の注意を払う必要があるため、方向性注意を消耗します。一方、植物園のような自然の中を歩くときは、植物の様子や虫の鳴き声、川のせせらぎなど、様々な対象に五感を使って、意図せずに注意を払いますが、これを選択性注意（Selected Attention）（または、不随意的注意）といいます。

この実験では、自然の中を歩くことで、選択性注意が高まり、それによって、注意力を測定するテストで必要な方向性注意が回復したと考えられています。もし、仕事で注意資源（方向性注意）を消耗してしまったときは、近くの公園や緑の木々のある場所を少し歩いてみると、注意資源が回復し、再び高い集中力で仕事に取り組めることでしょう。

クリエイティブな人はとにかく自然環境を好む傾向があります。頭の中であれこれと思考を巡らせていると体が無意識に自然を欲するかのようです。そのようなときは「クリエイティブ・ウォーキング」がおすすめです（第3章で詳しく説明します）。

自然に触れ合う時間も場所もないときは？

もし、オフィス近くにそのような良い自然環境がない場合は、自然の動画をパソコンの画面に映してしばらく眺めるだけでも、注意資源の回復効果があることが、ノルウェーのベルゲン大学健康増進研究センターの研究で示唆されました。

この研究では、28人の参加者を、ノルウェーの自然を映したビデオを20分間視聴するグループと、都市部を映したビデオを20分間視聴するグループに分け、ビデオ視聴前後に注意力を測定する課題を実施し、その間の心拍数や自律神経の活動を測定しました。

その結果、ノルウェーの自然を映したビデオを視聴したグループは、都市部を映したビデオを視聴したグループよりも、心拍数が大きく低下し、自律神経の興奮が低下（副交感神経活動が活性化）しました。また、それに伴って、選択性注意が向上し、1つの対象ではなく、いろいろな対象に対して注意を向けられるようになりました。

必ずしも実際の自然環境に身を置く必要はなく、時間や場所の制約があるときは動画や画像だけでも十分に効果が出るのであれば、忙しいビジネスパーソンでも実践できるのではないでしょうか。普段からパソコンやスマホに、良さそうな自然の動画をブックマークしておくと良いかもしれません。

最も効果的な自然画像

本物の自然ではなく動画でも効果があることは先述の通りです。では、自然の映像であれば何でも効果的なのでしょうか。自然といえば、木々や森など「緑」を含む景色が最も想起されやすいかもしれませんが、海や川など「水」を含む景色（青の自然）についてはあまり研究されていませんでした。

そこで、イギリスのプリマス大学心理学部の研究者らは、海や川など「水」を含む景色と、木々や森など「緑」を含む景色、そして、人工的な建築物を含む景色を組み合わせた120枚の画像を使って、人はどのパターンの景色を最も好み、そして、最も気持ちが休まるのかを調査しました。

結果は、水の景色が3分の2、緑の景色が3分の1の割合が最も好まれ、気持ちが休まることがわかりました。詳しく比較すると、次ページの図のように、すべて緑の景色（一番右の森の景色）よりも、すべて水の景色（真ん中の海の景色）のほうが好まれること、そして、すべて水の景色よりも、水の景色に対して、緑の景色が3分の1ほど入っている景色（一番左）が最も好まれ、そして、気持ちが休まることが明らかになったのです。

さらに、興味深いことに、人工的な建築物が3分の2、水が3分の1の景色と、すべて緑の景色は、同等の評価だったのです。本来、人工的な建築物を含む景色は、緑の景色よりも好ましく思われない傾向があるのですが、人工的な建築物の景色に、水の景色が加わることで、人の評価が大きく向上し、緑の景色と同程度に、気持ちも休まることがわかったのです。

都心のオフィス街などで、噴水など水のある景色を見かけたら、時間があるときは、しばらく眺めてみましょう。緑の自然と同じくらい、気持ちを休ませることができ、活性度を高めることができるでしょう。

「窓×観葉植物」が最強の組み合わせ

ストレスや不安を低減し、注意資源を回復させるために、オフィス環境の改善という観点からもできることがあります。それは観葉植物を置くという、とてもシンプルなことです。自然が見える窓があるオフィスに観葉植物を置くという組み合わせが最強であることが、台湾の国立中興大学園芸学部の研究で明らかになりました。

この研究では、オフィスにおける窓の有無、窓から見える景色が自然か街か、観葉植物の有無に関して、以下の6つのパターンのうち、どれが最もストレスや不安の低減に有効かを調べました。

・パターン①：窓なし、観葉植物なし
・パターン②：窓なし、観葉植物あり
・パターン③：窓あり、景色＝街、観葉植物なし
・パターン④：窓あり、景色＝街、観葉植物あり
・パターン⑤：窓あり、景色＝自然、観葉植物なし

図6　最も効果的な自然画像は？

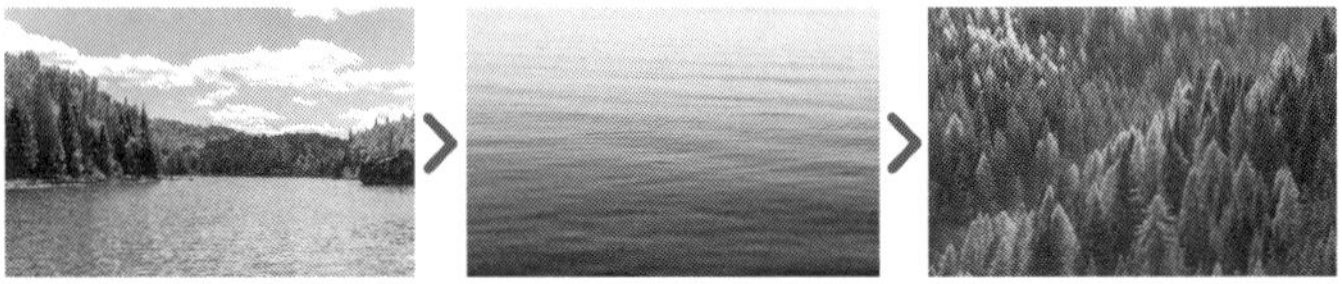

出典：White, M. et al., (2010)をもとに作成

・パターン⑥：窓あり、景色＝自然、観葉植物あり

実験では38人の大学生を対象に、パソコンのスクリーン上で、上記の6つのパターンの画像を各15秒ずつ見てもらい、その間の脳波、顔の筋電図、脈波を測定するとともに、最後に、不安の尺度に回答してもらいました。

結果は、研究者らの仮説通り、パターン⑥の窓有り、窓からの景色が自然、観葉植物ありの画像を見ているときが、最もリラックスしており（脳波のα波の値が最も高く、脈波から推定する交感神経活動の値が最も低い）、かつ、不安の度合いが最も低いことがわかりました。

この研究から、自然の見える窓があることに加え、観葉植物をオフィスに配置することで、リラックス効果をさらに増強できることが明らかになりました。また、窓のないオフィスで働いている場合は、観葉植物を置くだけでも、ストレスや不安の低減に有効であることも示唆されました。

最近は、クリエイティビティを重視する会社ほど、オフィス環境を快適にすることに熱心です。特に、人は自然とつながっていたいという本能的欲求を持っていることを説明す

る「バイオフィリア」という概念を取り入れた、バイオフィリックデザイン（建物内の環境で自然との触れ合いを実現するデザイン）を採用するオフィスが増えており、アマゾンやグーグルのオフィスはその代表例です。

私の会社もウェアラブルセンサを使って、バイオフィリックデザインのオフィスがどれくらい自律神経の活性度を高め、バランスを整えてくれるか、多くの会社で実際に効果測定をしてきましたが、例えば、集中して疲れた後に、植物に囲まれたエリアに移動して、別のタスクに取り組むことで、活性度を回復し、再び、意欲的に仕事に取り組めることがわかりました。

「ハイレゾ音楽」を活用する

ここまで、自然が注意資源を回復し、活性度を高めることを説明してきましたが、それは主に視覚を通しての方法でした。最後に聴覚、特に音楽を活用して注意資源を回復する方法について説明します。

人間はその誕生以来、自然界の様々な音に囲まれて生活してきました。それは、木々の葉の擦れる音や鳥のさえずり、あるいは小川のせせらぎなど様々で、あちこちからいろいろな音が意識することなく聞こえてきました。ところが、オフィス環境でずっと仕事をしているると人工物に囲まれているため、なかなか自然の音に接する機会がありません。

一方、自然界に存在している音をCD化したものは多数あり、一定のリラックス効果があることを私の会社の様々な実験プロジェクトでも確認しています。中でも、ハイレゾリューション音楽（高い解像度の音楽という意味。通称「ハイレゾ音楽」）は、通常のCDの3倍以上のデータ量で、人の耳が聞こえる音の周波数帯（20ヘルツから20キロヘルツ）を超えるデータ量を有しており、リッチな自然環境音を再現できます。そして、20キロヘルツを超える周波数帯の音は、心拍数や自律神経機能に影響し、リラックス効果をもたらすことがわかってきました。

私が初めてビクターエンタテインメントさんのハイレゾ音楽システム『KooNe（クーネ）』を体験させていただいたときは、部屋の中にいても、まるで山奥の自然環境にいるような感覚になりました。小川のせせらぎが足元から聞こえ、鳥のさえずりが頭上から聞こえてきました。私もソニー時代に映画のバーチャルサラウンドシステムのデモをよく行っていたので、こうしたテクノロジーには慣れているつもりでしたが、部屋の外に出たときに、まるで山奥から下山してきたような感覚になったのをよく覚えています。

このハイレゾ音楽の効果を確かめるべく、私の会社はビクターエンタテイメントさんと一緒に、千葉県の某図書館で実験を行いました。10～60代の男女30名を対象に、図書館内で、バックグラウンドで流れるハイレゾ音楽を聞いた前後の自律神経のバランスを測定したところ、交感神経と副交感神経のバランスがほぼ1対1の理想的なバランスに近づく結果になりました。

近年はハイレゾ音楽を聴くためのサービスやヘッドフォンも充実してきていて、自然界に近い音を日常で体感できます。ハイレゾ音楽によって自律神経を活性化し、注意資源を回復する時間をつくってみましょう。

活性度を高める習慣をつくる

クリエイティブな人はサウナを習慣にする

本章では、ここまで、自律神経を整えること、そして、注意資源を回復することについて説明してきましたが、ここからは活性度を高める習慣について説明します。
まずは、クリエイティブな人が好むサウナの習慣からです。

常に時間に追われる経営者や起業家、あるいは、頭の中が様々な思考やアイデアでいっぱいのクリエイターやマーケター、研究者などにとって、「うまく息抜きをする」ことはとても大事ですが、これが難しいと感じる人が結構多いのではないでしょうか。なぜなら、何にどれくらい時間をかければ効果的な息抜きになるか、わかりづらいからです。短すぎると効果は薄く、長すぎると再び仕事に戻るまでのロスが多くなります。

そんな忙しいクリエイティブな人たちの間で人気なのが、サウナです。サウナに入ることで心身が「ととのう」という効果がクローズアップされているので、これについては後述しますが、サウナのわかりやすい効果は、リラックスできて、脳疲労がとれ、睡眠の質が向上し、翌日の仕事の生産性が明確にアップする、といったところでしょうか。こうした効果の背景には、自律神経の働きが大きく関係していますので、これも後述します。

ところで、日本のサウナ人口は、コロナ禍前のデータによると、年に1回以上サウナに行く「ライトサウナー」が推計約2900万人、月1回以上サウナに行く「ミドルサウナー」が推計約1200万人、そして、月4回以上（つまり、週1回以上）サウナに行く「ヘビーサウナー」が推計約390万人もいます（日本サウナ・温冷浴総合研究所調べ）。

そして、この「ヘビーサウナー」の中には、経営者、起業家、クリエイター、マーケター、研究者など、クリエイティブな発想を常に求められる人たちが多数含まれています。というのも、サウナには前述の効果の他にも、クリエイティビティを高め、良いアイデアを生み出す効果が期待できるからです。

最近ではサウナとコワーキングスペースが一体化した施設なども登場しており、クリエイティブな人たちにとってサウナはアイデアの源になりつつあるのかもしれません。

サウナで「ととのう」とは

サウナの様々な効果に関係するのが自律神経の働きです。では、「ととのう」とはどういう状態なのでしょうか。それは、瞑想しているような状態でありながら、覚醒しているという不思議な状態で、さらには癒されているという感覚が加わる、「瞑想+覚醒+癒し」が同時に起こっている状態といわれています。では、なぜこのような状態が生まれるのでしょうか。

サウナは、仕事などで高まりっぱなしの交感神経（車のアクセルに相当）を強制的に副交感神経（車のブレーキに相当）優位に切り替えてくれます。日本サウナ学会代表理事で医師の加藤容崇さんによると、サウナで重要なのは、「水風呂に入ること」のようです。

以下、加藤容崇さんの説明を引用します。

> サウナ室はあくまで、冷たい水風呂に入れるように体を温めているという位置付け。水風呂の過酷な状況下では、普段の比ではないほど交感神経が優位になる。その後に外気浴などで休憩すると、反動で、同じく圧倒的に副交感神経が優位になる。

さらに、こうも述べられています。

サウナ室→水風呂→外気浴のセットは3〜4回繰り返すのが基本。注意点は水風呂を出た後、すぐ外気浴に移ること。「血中には興奮状態で出るアドレナリンが残っているのに、自律神経は副交感神経優位になっているという『真のととのい』と呼ぶべき稀有なリラックス状態は、水風呂を出てから約2分だけ」

——出典：日経クロストレンド　2021年8月19日

この「血中には興奮状態で出るアドレナリンが残っているのに、自律神経は副交感神経優位になっているという『真のととのい』と呼ぶべき稀有なリラックス状態」が、上述の「瞑想＋覚醒＋癒し」が同時に起こっている状態の正体ですね。

サウナの効果測定の結果は？

私の会社では、「コワーキングサウナ」を推進するコクヨ株式会社と、ウェアラブルセンサを使用して、サウナが自律神経に与える効果を実際に測定しました。以下のグラフは、人間情報学会にて、「サウナが生体情報に与える影響に関する研究と実用化について」と題して、コクヨの方が発表したデータです。

このグラフから一目瞭然で、サウナ入浴後は副交感神経の割合が有意に高まっていることがわかると思います。つまり、サウナによって、それまで交感神経優位だった自律神経のバランスが副交感神経優位になり、活性度も高まったということです。

また、上述の日本サウナ学会代表理事で医師の加藤容崇さんによると、高精度な脳波計でサウナ後の脳の状態を計測したところ、「脳がリラックスしていることを示すα波の『正常化』が確認できた」とのことです。つまり、脳疲労が軽減したと推測されます。

実際にサウナをよく利用する起業家の方の感想を聞くと、サウナに入った瞬間、熱気で

図7　サウナ前とサウナ後の変化

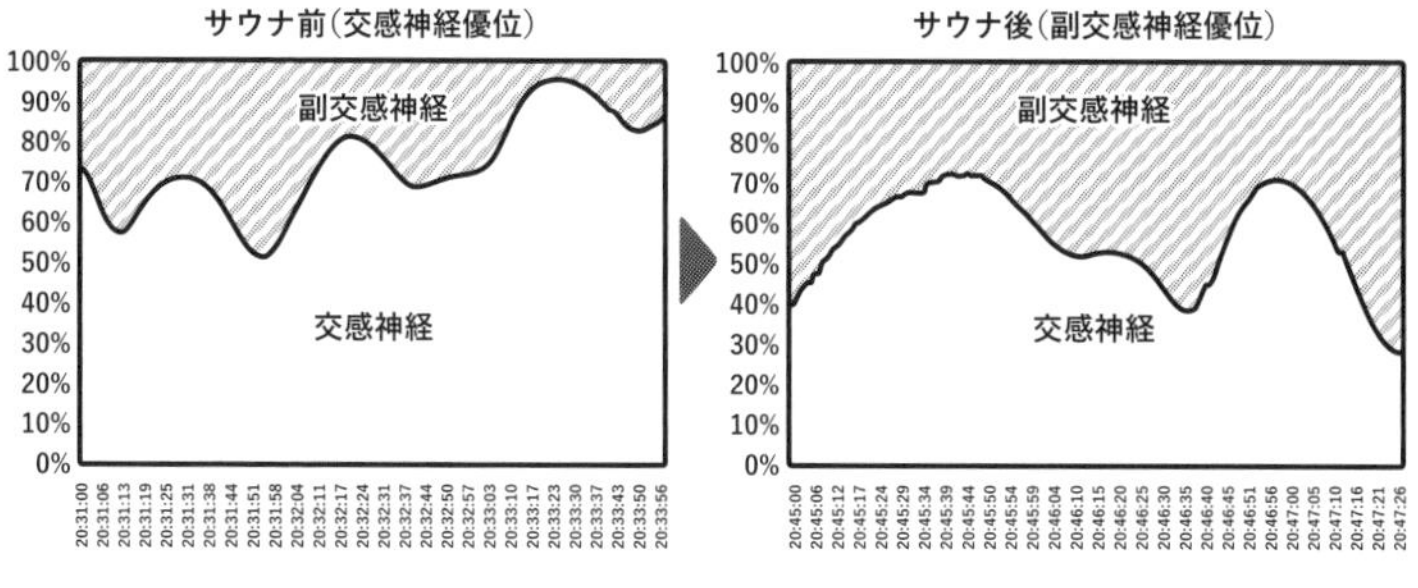

出典：人間情報学会オーラルセッション（2019）をもとに作成

ごちゃごちゃと考えることができなくなるので、重要性や緊急性の低いことは一切考えなくなり、本当に考えるべき本質的なことだけを考えるようになるといいます。

脳疲労がとれて頭の中がリセットされると、これがちょうど、クリエイティビティを生み出すのに有益といわれているインキュベーション期間（あたため期）の役割（これについては後述します）を果たし、忙しい日々の中で忘れていたような潜在的な考えが、アイデアやインスピレーションとなって降ってくる可能性が高まると考えられます。

このようにサウナの様々な健康効果や「ととのう」という経験、そして、アイデアやインスピレーションが生まれやすくなるという経験、さらには「コワーキングサウナ」のようなコミュニティとしての魅力から、経営者や起業家、クリエイター、マーケター、研究者など、クリエイティブな発想を常に求められる人たちはサウナを好むのだと思います。

温水シャワーの後に冷水シャワーを浴びる

サウナの効果について述べましたが、サウナの「ととのう」に近い効果を家でも簡単に得ることができる方法があります。それは、温水シャワーの後に冷水シャワーを浴びるというとても簡単な方法です。

お風呂上がりに冷たいシャワーを浴びると、身体がシャキッとし、エネルギーがみなぎる感覚を経験したことがある人も多いのではないでしょうか。この経験を科学的に検証した、オランダの研究があります。

アムステルダムのアカデミック・メディカル・センターの研究者らは、18歳から65歳の健康な参加者3018人を以下の4つのグループに分けました。

毎日温かいシャワーを浴びた後に、
- 冷たいシャワーを30秒浴びるグループ（30秒群）
- 冷たいシャワーを60秒浴びるグループ（60秒群）
- 冷たいシャワーを90秒浴びるグループ（90秒群）
- 温かいシャワーのみ浴びるグループ（統制群）

そして、参加者はこの習慣を30日間続けるように指示されました。この習慣を終了した後から90日間、参加者が会社を病欠で休む日数がカウントされました。

その結果、冷たいシャワーを浴びたグループ（30秒群、60秒群、90秒群）はすべて、病欠で仕事を休むことが、統制群に比べ、29％減少したのです。

これは冷たい刺激によって交感神経活動が活性化し、皮膚への血流量が一時的に減少した後、体温を高めるため、皮膚への血流が増加し、血行が促進される可能性があります。定期的な運動をすることで、病欠が約35％減少したという報告もありますので、30秒の冷たいシャワーを浴びるだけで、定期的な運動と同程度の効果が得られるならお得かもしれません（ただし、この研究は心臓疾患などのない、かなり健康な人を対象にしているので、その点は十分注意してください）。

このように温水シャワーの後に冷水シャワーを30秒ほど浴びる習慣を身に付けることで活性度を高め、病欠を減らし、クリエイティビティを発揮するためのメンタル・リソースを整えることができます。

音楽に触れる時間をつくる

ストレスを低減し、活性度を上げる手軽な手段として、音楽活動も有効です。音楽を聴くことによるリラックス効果を調べた研究はたくさんありますが、その効果が他のストレス低減手段と比べて、どれほどの効果なのかを調べた研究はあまりありませんので、興味深い研究を1つご紹介します。

ドイツのハノーファー音楽演劇大学の研究者らは、音楽が健康に関連する生活の質（心の健康や身体機能）に与える影響を調査した、26の先行研究（のべ779人を対象）のメタ分析を実施しました。この研究では、音楽を聴いたり、演奏したり、歌うこと、そして、音楽療法（セラピー）を、「音楽による介入研究」とし、その効果をエクササイズなどの運動の効果と比較分析しました。

その結果、音楽がメンタルヘルスに与える効果は、エクササイズなどの運動プログラムによる効果とほぼ同等であることがわかりました。具体的に、どのくらいの頻度や期間、音楽と関わるのが、メンタルヘルスに良いのかなどは、今後の研究に委ねられていますが、このメタ分析の対象研究では、**1週間に1時間程度、音楽活動に時間を費やし、それを8週間ぐらい継続すると効果が表れる**としています。

運動の苦手な人や、忙しくて運動する時間が取れない人にとっては、手軽に音楽を聴いたり、歌ったり、演奏したりすることで、ストレスを低減し、活性度を上げる効果が期待できることは朗報ですね。そこで次は日本の文化である、カラオケの効果について説明します。

「1人カラオケ」の効果

日本が育んだカラオケというカルチャーは、人とコミュニケーションして絆を深める場として一役買ってきましたが、ストレスを解消して活性度を上げるのにも有効である可能性があると研究でわかってきました。ただし、人前で歌うことは人によってはストレスになるので、自分のストレスを低減させて活性度を上げる目的であれば、「1人カラオケ」がベストかもしれません（ただし、ここではお酒の力は考慮していません）。

イギリスのロンドンにある王立音楽大学の研究者らは、15人のプロの歌手（歌手歴は平均21・1年）を対象に、観客の有無が歌手のストレスレベルや不安にどう影響するか、実験を行いました。

実験では、全員がはじめに「観客なし」の条件で歌い、次に、「観客あり」（610人）の条件で歌いました。いずれのケースでも、事前に唾液を採取して、その中に含まれるコルチゾールなどのストレスホルモンの分泌量を測定するとともに、質問紙で不安のレベルについても回答してもらいました。

その結果、「観客なし」の条件で歌った場合は、コルチゾールの分泌量が大きく減少する一方で、「観客あり」の条件で歌った場合は、コルチゾールの分泌量が大きく増加しました。ちなみに、この結果は、プロの歌手としての経験年数とは無関係でした。

また、質問紙の回答から明らかになった不安レベルとコルチゾールの値は相関がありませんでした。つまり、経験豊富なプロの歌手といえども、大勢の観客を前にすると、本人はあまり自覚していないところでストレスを感じている可能性があることがわかりました。

一方で、この研究から、1人で歌うことは、ストレスを低減する手段として有効であることが示唆されました。つまり、**ストレスを解消して活性度を上げる上で、「1人カラオケ」はとても有効な手段になりうる**ということですね。

近年は働き方が多様化したため、クリエイティブな人たちは、新しいワークスタイルを常に模索する傾向があります。そして、近年増えているリモートワークに利用できるカラオケボックスはその候補になり得ます。リモートワーク利用を打ち出しているカラオケボックスは、仕事環境としても快適ですので、集中して仕事をしてちょっと煮詰まってきたときに、「1人でちょっと1曲」などという利用法もありかもしれません。それによって、思わぬアイデアやインスピレーションが得られる可能性もあります。

ポストランチ・ディップとパワーナップ

前夜きちんと睡眠をとっていても、午後の早い時間帯に眠気やだるさに襲われ、仕事のパフォーマンスが低下する現象を「ポストランチ・ディップ」あるいは「アフターヌーン・ディップ」といい、この時間帯には、作業ミスや居眠りによる事故などが発生しやすいことがわかっています。

この「ポストランチ・ディップ」が起きる時間帯ですが、起床からおよそ7～8時間後、つまり、正午から午後2時頃に該当します（ただし、その人が朝型か夜型によって変わります）。この現象は単に昼食を食べた影響によるものではなく、もともと人間が持っている生体リズムによるものだと考えられています。

私の会社では、某大手総合建設会社の社員を対象に、リストバンド型センサで心拍変動データを取得し、時間帯ごとの集中度を算出したところ、この「ポストランチ・ディップ」に相当する時間帯に集中度が大きく低下する傾向がはっきりと確認できました。

この「ポストランチ・ディップ」の時間帯の集中度の低下を避け、活性度を取り戻すために有効な手段の1つが短時間の昼寝、いわゆる「パワーナップ」です。「パワーナップ」の効果については、様々な研究が行われ、その効果が示されていますが、日本の産業医学総合研究所の興味深い研究をご紹介します。

この研究では、30人の成人を以下の3つのグループに分け、「パワーナップ」が脳の認知反応や注意を要するタスクのパフォーマンスに与える影響について調査しました。

・グループ1：昼食後、15分昼寝をするグループ
・グループ2：昼食後、45分昼寝をするグループ
・グループ3：昼食後、昼寝をしないグループ

ちなみに、参加者は全員、実験の前日はきっちり7時間の睡眠をとっており、睡眠障害などもないことを確認しました。

分析の結果、昼食後、15分昼寝をしたグループが、その後の脳の認知反応が最も早くなり、注意を要するタスクのパフォーマンスが高いことがわかりました。脳の認知反応は、与えられた刺激に対して、P300という脳波のピークが何ミリ秒後に現れるかで測定さ

れました。昼寝前に比べて、15分の昼寝ではピークが24ミリ秒早まったのに対して、45分の昼寝だと逆に17ミリ秒遅くなり、昼寝なしでは65ミリ秒も遅くなりました。

また、注意を要するタスク（英語の文章を90分間、正確に書き写すというタスク）のエラー率が、15分昼寝をしたグループは、昼寝後3時間経っても、他のグループよりも低いことがわかりました。

入眠後15分程度で現れるノンレム睡眠は、4段階ある睡眠段階のうち、ステージ2という適度な深さに分類されますので、脳内の疲労がクリアされ、頭がすっきりします。

一方、45分の昼寝をすると、深いノンレム睡眠（ステージ3や4）が表れ、夜の睡眠と同じように副交感神経が支配的になることもわかりました。これはストレスによる心血管のリスクを低減するには良いですが、目覚めが悪く、頭がボーッとする状態になります。また、夜の睡眠にも悪影響を与えてしまう（つまり、夜眠れなくなる）ので、**15〜20分程度の昼寝（パワーナップ）が最適**なようです。

グーグル、アップル、マイクロソフト、ナイキなどクリエイティビティの高い会社は、このパワーナップを積極的に社員に推奨し、ポストランチ・ディップを回避して、活性度を高め、クリエイティブな仕事ができるように後押ししています。

「うまくいったことエクササイズ」を習慣にする

最後に、活性度を高める上で有効な簡単なエクササイズをご紹介します。

私たちは自分の人生でうまくいかなかったことについて考えすぎ、うまくいったことについてはあまり考えない傾向があります。これは、人類の進化の過程で、私たちの祖先は突然の天変地異や外敵などネガティブイベントに常に備えなければ生存できなかったことと関係しています。そのような状況では、良い出来事に思いを巡らせることに多くの時間を費やすようでは生き残れなかったからです。

しかし、現代はそういう時代ではありませんので、毎晩寝る前に、今日うまくいったことを3つ書き出し、なぜうまくいったのかを書いてみると、うまくいったことに思いを巡らすスキルの訓練になり、落ち込むことが少なくなり、幸福感が増し、毎日の活力を取り戻すことができます。

この「うまくいったことエクササイズ」は、アメリカのポジティブ心理学の第一人者であるマーティン・セリグマン博士によって提唱された「3 Good Things」といわれる科学的に検証された方法です。

この方法は、即効性を期待するよりも、継続的に取り組むことが大事です。毎晩寝る前に、今日うまくいったことを3つ書き出すという習慣を3～6カ月程度継続すると、十分な効果を実感できるといわれています。始める前は少し面倒だと思うかもしれませんが、負担にならない程度の簡易な文章で書いてみましょう。習慣化してしまえばさっとできるようになります。

日本でもこのエクササイズの効果は数々報告されており、毎日3つきちんと書いた人は、書かなかった人と比べてポジティブ度が高かったという結果が出ています。

クリエイティビティが発揮されやすい組織のカタチ

ビジネスパーソンが抱えるストレス

本章ではここまで、クリエイティビティにとって重要な、活性度を個人で上げる方法について述べてきましたが、ビジネスパーソンが属する組織という観点からも考えてみましょう。

クリエイティブな人は、組織文化や上司・チームメンバーに恵まれていることが多く、自分がリーダーになった場合はチームやメンバーのクリエイティビティを引き出す方法を心得ており、活性度の高い組織に身を置いているケースが多いといえます。

では、活性度の高い組織には、どのような特徴があるのでしょうか。

その特徴を説明する前に、まずは活性度を高める組織を理解するために、その障壁となるビジネスパーソンのストレスについて説明します。

ビジネスパーソンが抱える主なストレス要因について、チューリッヒ生命が毎年行っている「ビジネスパーソンが抱えるストレスに関する調査」の2017年から2021年の推移（下図参照）を見てみましょう。コロナ禍の影響により、収入面に関するストレスが、直近2年ではトップ（2020年は「収入（経済面）」、2021年は「給与・賞与（金銭面）」が第1位）ですが、トップ5の5年間の推移をみると、必ず、「上司との人間関係」がランクインしています。コロナ禍前の2017年と2018年は、2年連続で「上司との人間関係」が第1位のストレス要因でしたので、これはビジネスパーソンが抱える不変的なストレスといえそうです。

会社員の人は、上司を選ぶことは基本的に

図8　ビジネスパーソンが抱えるストレス

2021年（n=1,000）		
1位	給与・賞与（金銭面）	22.5%
2位	仕事の内容	18.5%
3位	上司・部下以外の社内の人間関係	15.1%
4位	上司との人間関係	11.6%
5位	仕事環境	10.9%

2020年（n=1,000）		
1位	収入（経済面）	22.4%
2位	仕事の内容	21.4%
3位	上司との人間関係	14.6%
4位	上司・部下以外の社内の人間関係	14.4%
5位	仕事環境	10.7%

2019年（n=919）		
1位	仕事の内容	34.6%
2位	給与や福利厚生などの待遇面	31.8%
3位	同僚との人間関係	27.3%
4位	上司との人間関係	26.9%
5位	仕事の量が多い	24.7%

2018年（n=898）		
1位	上司との人間関係	28.9%
2位	同僚との人間関係	29.0%
3位	仕事の内容	27.2%
4位	仕事の量が多い	26.8%
5位	給与や福利厚生などの待遇面	25.6%

2017年（n=896）		
1位	上司との人間関係	39.7%
2位	仕事の量が多い	28.8%
2位	給与や福利厚生などの待遇面	28.8%
4位	同僚との人間関係	25.6%
5位	お客様や取引先との人間関係	17.5%

出典：チューリッヒ生命「ビジネスパーソンが抱えるストレスに関する調査」（2017~2021年）をもとに作成

難しい場合が多いのではないでしょうか。

私が10年間お世話になったソニーでは当時、上司の承諾を得ずに（上司に知られずに）部署を異動できる画期的な社内募集制度というものがありました。これはいわば、部下が上司を選べる制度です。このように部下にも上司を選ぶ自由があれば、ビジネスパーソンの抱えるストレスは軽減されるかもしれません。

上司の公正さが部下の健康を左右する

職場の上司が部下に公平に接しているかどうかは、部下の健康リスクに重大な影響を与えることが研究でわかってきています。フィンランドのヘルシンキ大学と英ユニバーシティ・カレッジ・ロンドンの研究者らは、35歳から55歳のロンドンで働く6442人のイギリス人男性を対象に、職場の公正さと冠状動脈性心臓病のリスクの関係について、平均8・7年の追跡調査を行いました。

職場の公正さは、①上司から不当な批判を受けたことがあるか、②上司から一貫した情報を得ることができるか、③上司から十分な情報を得られているか、④上司はあなたの悩みをよく聞いてくれるか、⑤自分の仕事を上司は褒めてくれたことがあるか、の5つの質問で評価されました。つまり、良い上司に恵まれているかに近いですね。

結果は、職場の公正さが高い人（つまり、良い上司に恵まれている人）は、そうでない人よりも、冠状動脈性心臓病のリスクが、約30〜35％低いことがわかりました。職場の公正さが低い職場は、得てして社員の仕事のストレスが高く、また、仕事に注いだ努力に対して、十分に報われていないという感覚が強い傾向がありますが、これらの要因の影響を除いても、職場の公正さが低いこと自体によって、冠状動脈性心臓病のリスクが高まる可能性があることが明らかになりました。

上司の良し悪しが部下の血圧にも影響

さらに、上司の良し悪しが、部下の血圧に与える影響を調べた、イギリスの興味深い研究もあります。イギリスのバッキンガムシャー・チルターンズ・ユニバーシティ・カレッジ人間科学部の研究者らは、2人の上司の下で働いている医療アシスタントの女性28名（18歳から45歳）を対象に、上司の良し悪しが血圧に与える影響を調査しました。実験群に割り当られた女性は、良い上司と嫌な上司の下で働いている人たちで、統制群に割り当られた女性は、良し悪しに差のない2人の上司の下で働いている人たちでした。

結果は、嫌な上司の下で働いている日の血圧と良い上司の下で働いている日の血圧の差が、実験群は、統制群と比較して、上の血圧（収縮期血圧）で12mmHg、下の血圧（拡張期血圧）で6mmHgもありました。上の血圧が10mmHg、下の血圧が5mmHg増えると、心血管疾患および脳卒中のリスクが、それぞれ16％、38％増えるという研究もありますので、この差の重要性がわかります。

そして、上司の様々な要因の中でも、特に部下の血圧の上昇に影響を与えるのが、部下に対する公正さであることがわかりました。部下に対して、タイムリーにフィードバックしたり、よくできたことを褒めたり、信頼と尊敬の念を示したり、全員に対して一貫して公平な対応をすること、一人ひとりのニーズに柔軟に対応すること、これらが部下に対する公正さを形成します。これらすべてを完璧にこなせる上司はなかなかいないかもしれませんが、少なくとも、これらを心がけているかどうかは、とても大事だといえます。

グーグルも注目する「心理的安全性」とは？

心理的安全性（psychological safety）とは、組織の中で自分の考えや気持ちを誰に対してでも、安心して発言できる状態のことです。

学術的に長年研究されてきたこの概念をビジネスの世界に広めたのはグーグルです。グーグルは、社内プロジェクトで最高のチームをつくるために必要な要因を調査した結果、この心理的安全性という概念が最も重要であるという結論に達したのです。

以下、Forbes Japanからの引用です。

２０１６年、ニューヨークタイムズ マガジンでグーグルの5年間にわたるプロジェクトが紹介された。「プロジェクト・アリストテレス」と名付けられたそのプロジェクトにおいて「最高のチームをつくる5つの要因のうち、最も重要なのが心理的安全性」であり、「誰がチームに居るかよりも、どのようにコラボレーションしているかのほうが、チームの成果にとって重要」と発表された。

——出典：Forbes Japan ２０２１年9月8日

心理的安全性が確保されている職場では、各メンバーは、自分の発言が、チームの他のメンバーによって拒絶されたり、罰せられたりすることはないと確信でき、自由な発想が可能になるようです。

ハーバード・ビジネススクールの組織行動学者エイミー・エドモンドソン博士は、「チームの心理的安全性」を提唱する世界的な第一人者です。エドモンドソン博士は、複数の病院の医療チームのデータを分析し、とても興味深いデータを発見しました。それは、各チームの薬の不適切な処方の発生率と、チームの業績との関係に関するデータです。なんと、業績がトップの病院のほうが、最下位の病院よりも約10倍、薬の不適切な処方が発生していたのです（トップの病院の発生率は約2・4％、最下位の病院は約0・23％）。

この結果に驚いたエドモンドソン博士は、さらにデータを深く分析していくと、謎は解明しました。

業績が良いチームでは、何か問題が起きるとメンバーはそれを包み隠さずオープンに報告し、チームで解決策を考える雰囲気が醸成されており、チームの心理的安全性がとても高かったので、ミスの発生率が高く出たのです。一方で、業績が良くないチームは、問題をオープンにしないため、見かけ上の数字は良く見えていたのです。

この研究から、チームの心理的安全性がいかにチームのパフォーマンスに大きな影響を与えるかがうかがえますが、次に、この心理的安全性が個々人の活力、そして、クリエイティビティにどのような影響を与えるのかを見ていきたいと思います。

「心理的安全性」が活力を高める

先述の通り、心理的安全性はチームのパフォーマンスを上げることがわかりましたが、それはどのような仕事にも当てはまるのでしょうか。仕事には集中力を要するものだけでなく、クリエイティビティを要するものもありますが、そのような仕事にも心理的安全性は効果的なのでしょうか。

イスラエルのバル＝イラン大学心理学・社会学部の研究者らは、仕事を持っている128人の社会人学生を対象に、心理的安全性がクリエイティビティに与える影響を、質問紙によって調査しました。その際、活力（Vitality）に関する質問も含めました。

クリエイティビティに関する質問は、例えば、「仕事でオリジナリティを発揮することがありますか？」や、「斬新で実行可能なアイデアを仕事で生み出しますか？」などです。また、心理的安全性に関する質問は、例えば、「この組織のメンバーは、課題や難しい問題を提起できますか？」や「この組織ではリスクを冒しても安全ですか？」などです。活力に関する質問は、例えば、「仕事中はポジティブなエネルギーに満ちていますか？」などです。

分析の結果、心理的安全性は、活力を高め、それによって、クリエイティビティが高まる可能性があることがわかりました。具体的には心理的安全性のスコアが1上がると、活力が約0・44高まり、活力のスコアが1上がるとクリエイティビティが約0・38高まるという関連性が示唆されました。

心理的安全性が高い職場では、誰もが安心して自分の意見を言うことができるので、それが仕事への活力を高め、クリエイティビティの向上につながるという好循環が生み出されるのですね。

ピクサーのクリエイティビティ・マネジメント

『トイ・ストーリー』『モンスターズ・インク』『ファインディング・ニモ』など数々の革新的な3Dアニメーション映画を大ヒットさせてきたハリウッドのアニメーション制作会社ピクサーは、スティーブ・ジョブズがその設立に携わり、クリエイティブな仕事環境を構築していることでも有名です。

ピクサーの実行理念の中には、「誰もが誰とでもコミュニケーションできる自由を持っていること」や「誰もが安全にアイデアを提案できること」などが含まれます。

ピクサーには、このような理念を支える様々な制度がありますが、その中でも「ブレイントラスト」と呼ばれる、制作中の映画に関する社内レビュー会議は、とても優れた仕組みになっています。

その2時間ほどの会議では、制作チームが制作中の映画を参加者（レビュアー）にお披露目するのですが、参加者からは率直な意見やアドバイスがたくさん出てきます。ただし、参加者の意見やアドバイスは「誰かを傷付けるようなものになってはならない」という明確なルールがあります。

さらに、制作チームはそこで出た意見やアドバイスを参考にしつつも、それらを聞き入れて、制作中の映画を修正するか否かは、完全に制作チームの自由意志に委ねられているのです。つまり、意見やアドバイスはありがたく頂戴しつつも、無視してしまっても何ら問題はないのです。

この「ブレイントラスト」という会議体はピクサーのクリエイティブな企業文化を象徴するような仕組みで、ピクサーでは組織内での心理的安全性が完全に保証されているのです。ピクサーは、『トイ・ストーリー』の大ヒットで3Dアニメーションという新たな市場を切り拓いた後、ヒットを出し続けないといけないプレッシャーと常に戦ってきました。

そのような状況の中でも、ヒット映画を絶やさずに出し続けられているのは、共同創業者のエド・キャットムルらがクリエイティビティ・マネジメントを経営の最重要課題と位置付け、クリエイティブなアイデアそのものよりも、人やチームを重視し、心理的安全性が担保される環境の保全に最大の関心を払ってきたことが大きな要因と考えられます。

心理的安全性を高めるブレストの工夫

先述の通り、心理的安全性は活力を高め、それがクリエイティビティを高めるという関連性が研究でわかってきましたが、心理的安全性を簡単に高める方法を1つご紹介します。

「ブレインストーミング」（以下ブレスト）をご存じでしょうか。1938年にアメリカのある広告代理店の創設者であるアレックス・オズボーン氏によって考案されたアイデアの発想技法です。設定したテーマ（課題）に対して、グループで新しいアイデアを一定の時間内にどんどん出して行くのが通例です。

私は、ビジネスパーソンとしてのスタートを切ったソニーでは、商品企画の部署に配属されましたので、そこで数々のブレストを経験しました。そのテーマは、「10年後や20年後のビジネス」だったり、「あるテクノロジーが実用化された場合に、考えられるビジネス」だったり、様々です。

このブレストのメリットは、ひとりでアイデアを考えるよりも、他人のアイデアも聞くことで拡散的思考が刺激され、ひとりでは思いつかなかったようなアイデアに出会えたり、グループメンバーの共通認識が形成され、距離感が近くなることで結束力が高まったりすることです（デメリットとしては、声の大きな人やおしゃべりな人の発言が多くなってしまったり、役職の高い人がメンバーに入ったりしていると、他のメンバーが気兼ねしてしまうことなどが指摘されています）。

ブレストでは、他人のアイデアを批判しないことが大原則ですが、ちょっとした工夫を加えると、チームの心理的安全性を高めながらチームを活性化させ、クリエイティブなアイデアを増やすことができます。そのことを示す研究をご紹介します。

アメリカのノースウェスタン大学ケロッグスクール・オブ・マネジメントの研究者らは、様々な業種・企業のマネジャー93人を対象に面白い実験を行いました。実験では、参加者を3人のチームに振り分け、ブレストを実際に実施してもらいました。ただしその前に、半分のグループには過去6カ月以内の「恥ずかしい経験」を、残りの半分には「誇りに感じた経験」を、チーム内で1人ずつ語ってもらいました。

「恥ずかしい経験」を話すグループのメンバーは、初めのうちは不安そうな表情を見せていましたが、順番に話すうちに、やがて、にぎやかな笑い声が聞こえてくるようになりました。一方、「誇りを感じた経験」を話すグループでは、笑いが起こることは滅多になく、メンバーは皆、儀礼的にうなずくだけでした。

その後、参加者は全員、「段ボールのユニークな活用法」について、10分間、可能な限りアイデアを考えるという課題に取り組みました。

その結果、「恥ずかしい経験」を話したグループは、「誇りを感じた経験」を話したグループに比べて、26％も多くのアイデアを生み出し、そのアイデアのカテゴリー数は15％も多い（つまり、アイデアの柔軟性が高い）ことがわかりました。

私も、この「恥ずかしい経験」を順番に話す場に参加した経験がありますが、効果は抜群で、初対面同士でも一気に心理的距離が縮まり、その後、面白いビジネスのアイデアについて話がとても盛り上がりました。

「恥ずかしい経験」を話すことは一種の自己開示なので、相手の警戒感が緩み、相手も自己開示しやすくなる効果があると考えられます。これによってチームの心理的安全性が高まり、チームが活性化する効果が期待できます。ただし、「恥ずかしい経験」を何でもかんでも他人に話すのは抵抗があるでしょうし、いきなり振られても困るかもしれませんので、普段から「人に話せる恥ずかしい経験」をストックしておくと良いでしょう。

例として、私の「人に話せる恥ずかしい経験」を1つご紹介します。子どもと遊びに行った動物園の駐車場で、車のドアを半日開けっ放しで気づかずに放置。戻ると最後の一台だったので、広い駐車場にポツンとドアの開いた車が止まっている状態でした。何も取られず、日本の安全神話を確信しましたが、かなり恥ずかしい経験でした。

エンパワーメント・リーダーシップとクリエイティビティ

本章では、上司の部下に対する公正さが部下のストレスや健康管理の観点から重要であると述べましたが、チームメンバーの活性度を高め、日々のクリエイティビティを発揮してもらうためには、メンバーを信頼して「仕事を任せる」リーダーの役割がとても重要です。このような権限委譲型のリーダーシップを「エンパワーメント・リーダーシップ」と言いますが、「エンパワーメント・リーダーシップ」がメンバーのやる気を高め、日々のクリエイティビティの向上に寄与することが、中国の大手IT企業の専門職社員670人と、その上司を対象とした研究などで明らかになっています。

「エンパワーメント・リーダーシップ」についてもう少し説明すると、これはチームメンバーがビジョンや戦略に基づいた意思決定を主体的に下せるように、権限委譲を行っていくタイプのリーダーシップで、具体的には、①メンバーに仕事の意義を理解させる、②メンバーに意思決定への参加を促す、③メンバーのパフォーマンスへの自信を示す（例えば、「君ならできる！」と伝える）、④管理せずに自律性を与える、といった内容になります。

例えば、先述のハリウッドのアニメーション制作会社ピクサーの共同創設者エド・キャットムルは、先頭に立ってチームを強引に引っ張るタイプのリーダーではなく、現場の細かいことには口を出さず、部下に仕事を任せるタイプのリーダーです。個性豊かなクリエイター集団をまとめ、組織の活性度を高めながら、メンバーに最高のクリエイティビティを発揮してもらうためには、とても重要なポイントです。

クリエイティブな目標を伝染させる

心理的安全性やエンパワーメント・リーダーシップなどによって、社員の活性度が高まり、日々のクリエイティビティを発揮できる土壌が整ってきたら、クリエイティブなチーム目標を掲げましょう。例えば、「新しい○○を社内（あるいは、お客さま）に発信する」や

「これまでの○○のやり方を改善する」などです。

その後、このチーム目標に対してメンバーの個人目標を設定してもらい、それをメンバー間で共有できるように見える化することが大事です。なぜなら、他人の目標を知ると、その目標が自分の中で活性化し、自分もその目標を追求しようとする「目標伝染」が起きるからです。このことを示す興味深い研究を1つご紹介します。

オランダのユトレヒト大学の研究者らは、実験の参加者を2つのグループに分け、それぞれに次に挙げる2つの知らない他人の目標に関する文章を読んでもらいました。

・「農場で働いてお金を稼ぐ」という目標を掲げた知らない他人に関する文章
・「ボランティアをする」という目標を掲げた知らない他人に関する文章

その後、別の無関係な課題を提示し、それが早く終われば賞金が当たるくじ引きに参加できると伝えました。そして、2グループの課題を行うスピードを比較分析しました。

その結果、1つ目の目標(農場で働いてお金を稼ぐ)に関する文章を読んだグループのほうが、課題を行うスピードが早かったのです。これは、「お金を稼ぐ」という目標と「賞金が当たる」という目標が近かったからと考えられます。つまり、他人の目標を知ることで、自分の目標が活性化し、自分の目標（くじ引きに参加する）を追求するために課題を早く終えた（目標伝染が起きた）というわけです（ただし、これはもともと参加者自身がお金を稼ぎたいと思っている程度が強い場合に限られました）。

このように同じ種類の目標を持っていると他人の目標が伝染し、自分の目標に対する意識が活性化して、目標の達成に向けたパフォーマンスが高まる可能性がありますので、クリエイティブなチーム目標を掲げることで、チームをクリエイティブに活性化することが可能になります。

第2章まとめ

- クリエイティブ・メンタルマネジメント法の土台となるメンタル・リソースを充実させるために、「活性度」を高めることも大事である。
- 自律神経の状態を知り、自律神経の活動量が最も低下する「木曜日」を、呼吸法で乗り切ることが大事である。また、自然環境の中でのウォーキングや有酸素運動によって副交感神経を活性化させることが肝要である。
- アテンション・エコノミーの時代、マルチタスクによる注意資源の消耗を避け、自然環境に触れたり、自然画像や「ハイレゾ音楽」をうまく活用したりすることで、注意資源を回復することが大事である。
- 活性度を高める習慣をつくるために、サウナやシャワーを活用すること、音楽に触れること、パワーナップや「うまくいったことエクササイズ」を活用することが効果的である。
- 活性度を高める組織とは、心理的安全性が確保され、公正なリーダーがチームメンバーに積極的に権限を委譲する組織である。

第3章

小さな
クリエイティビティ
の実践

第１章と第２章では、メンタル・リソースを充実させる方法を提案しました。本章では、充実したメンタル・リソースを土台に、いよいよ小さなクリエイティビティ「リトルC」の実践方法を説明します。重要なことなので繰り返しますが、リトルCはその気になれば誰もが毎日発揮できる小さなクリエイティビティのことです。

本章では、まず日本のビジネスパーソンの課題について触れ、リトルCの実践がいかに大事かを伝えます。その後、クリエイティブな人が実践しているリトルCのうち、科学的エビデンスのある方法を教えます。

本章を読んで、自分に合う方法でリトルCを実践してみてください。

日本のビジネスパーソンの課題

仕事に対する熱意が低い日本人

日本人の仕事に対する熱意は、世界的に見るととても低く、さらにそれが年々下がっているという衝撃的な結果があります。次ページの図は、グローバル組織コンサルティングファームのコーン・フェリーが発表している調査結果ですが、「熱意を持って会社に貢献しようとしている社員の比率」は、日本は世界の他の地域と比べて断トツに低く、2017年で27%となっており、これは北米(55%)の半分以下です。同様に、米大手調査会社のギャラップ社の2022年の調査によれば、日本企業における「熱意あふれる(エンゲージした)社員」の割合はわずか5%で、調査対象となった145カ国中、イタリアと並び最下位でした。

上記とは逆に、「仕事に熱意が持てていない社員の比率」は、152ページの図のコーン・フェリーの調査結果によると、日本は世界の他の地域と比べて断トツに高く、2017年で48%となっており、これは北米の約2倍にあたります。なぜ、このようなことなってしまったのでしょうか。

序章でも述べましたが、これには様々な理由が考えられます。1つは、仕事の複雑化です。日本の多くのビジネスパーソンは、自分の仕事が最終的な成果にどのようにつながっているかわからなくなっています。自分の仕事が本当に付加価値を生んでいるのか、誰のどんな役に立っているのか、さらには働くことの意味そのものを実感しづらい状況になっているのです。

特に、終身雇用や年功序列を前提としてきた日本企業は、仕事の複雑化の影響がより大きいのではないでしょうか。終身雇用制度を前提とした働き方が成り立っていた時代は、仕事そのものの意味よりも、その会社に所属して働いていることが重視されてきたので、

図9　熱意を持って会社に貢献しようとしている社員の比率

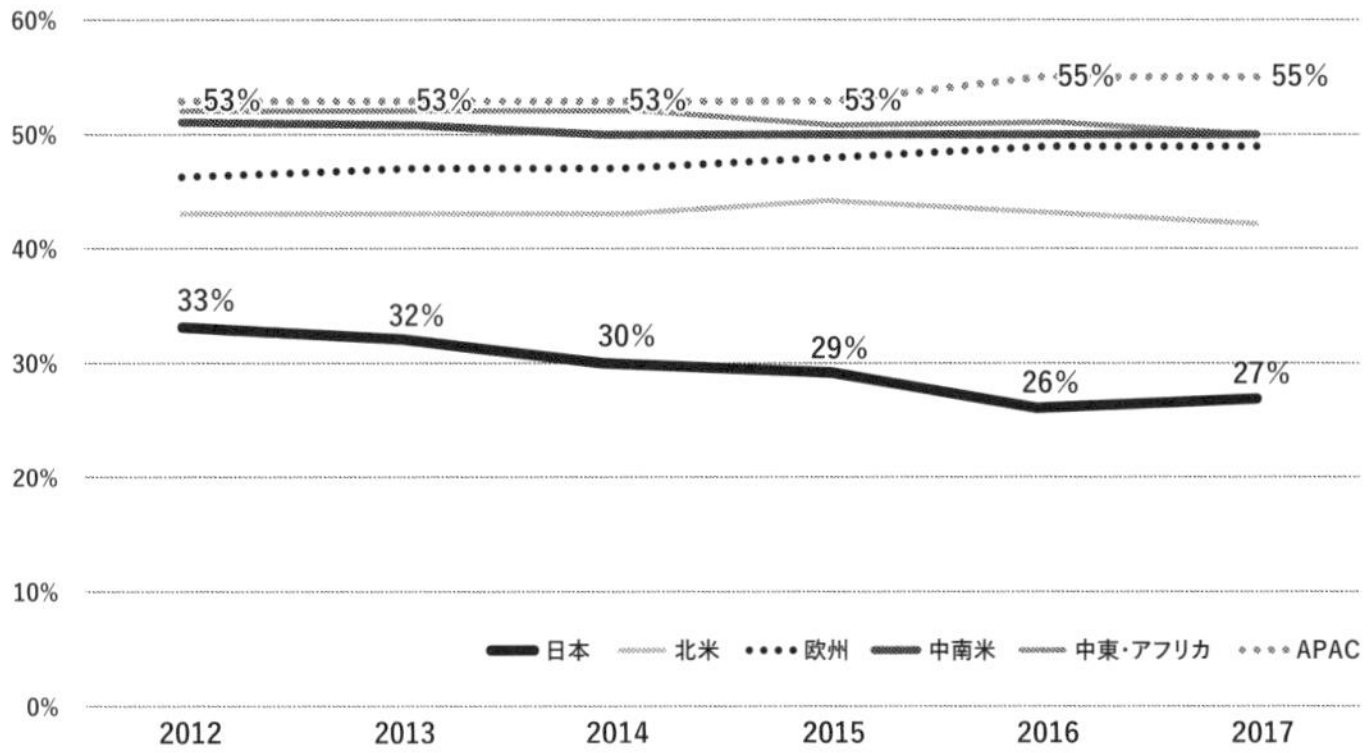

出典：コーン・フェリー社員エンゲージメント調査結果（2017年データ）をもとに作成

「会社のために頑張ろう！」というモチベーションが湧きやすかったのですが、終身雇用制度の実質的な崩壊により、会社との長期的な関係を考えることが難しくなってしまうと、社員の関心は会社よりも働くことの意味に向かうことになります。しかし、前述の仕事の複雑化により、社員は「今ここで、この仕事をする意味」を感じにくくなっています。つまり、これまで終身雇用が覆い隠してきた問題が浮き彫りになってきたのですね。

仕事の熱意が高い職業とは？

いきいきと仕事を行っているかどうかを示す指標として注目されているのが、ワークエンゲイジメントという概念です。正確には、ワークエンゲイジメントとは、仕事

図10　仕事に熱意を持てていない社員の比率

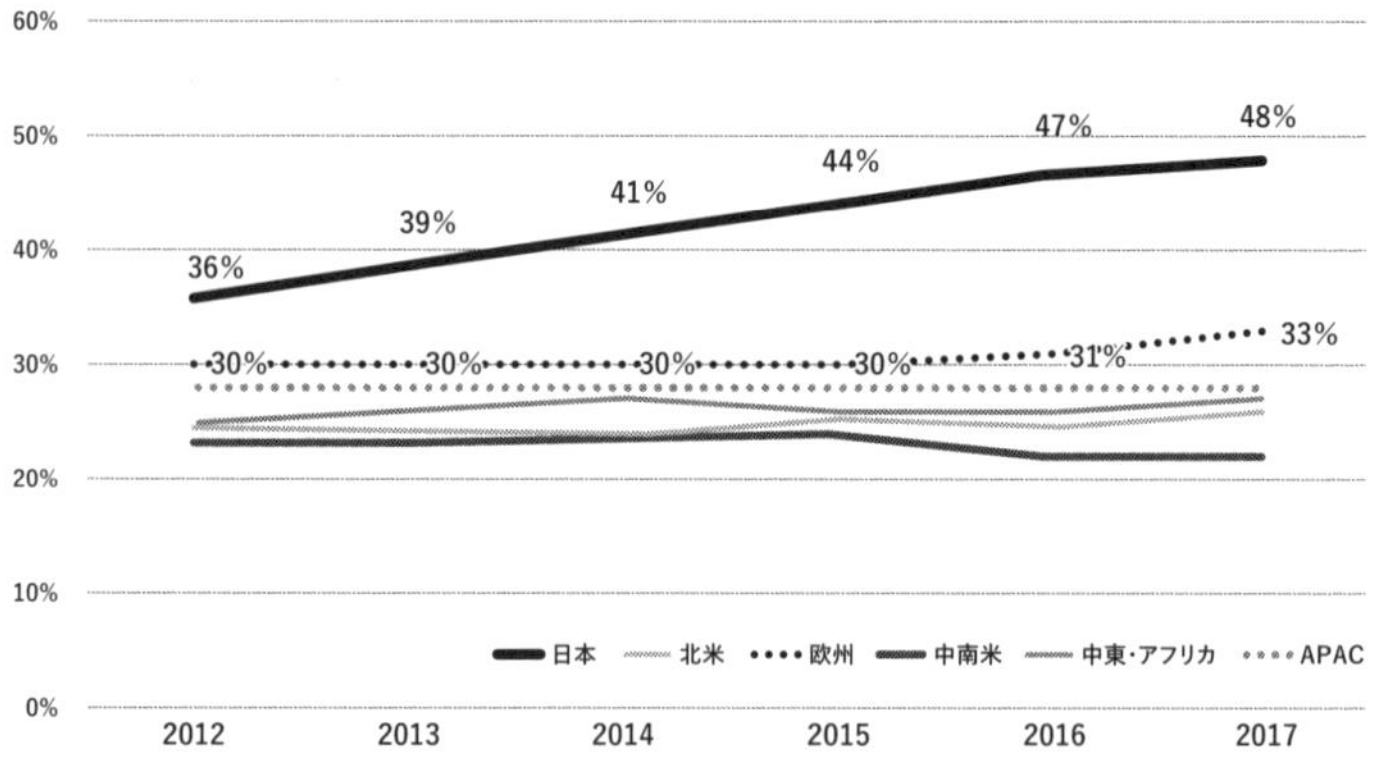

出典：コーン・フェリー社員エンゲージメント調査結果（2017年データ）をもとに作成

に対する、「活力」、「熱意」、「没頭」の3つが満たされている心理状態をいいます。

このワークエンゲイジメントという概念は、ユトレヒト大学のウィルマー・B・シャウフェリ博士が提唱したものですが、そのオランダで、約4000人のオランダ人従業員を対象にした調査が行われ、ワークエンゲイジメントのスコアが高い職業の順番（トップ10）が明らかになりました。結果は以下の通りです。

■ワークエンゲイジメントが高い職業（オランダ）

- 第1位　起業家
- 第2位　小学校の教師
- 第3位　芸術家
- 第4位　看護師
- 第5位　管理職

第1位は、起業家です。自主性と裁量のレベルが高く、責任が求められる仕事である点がこの結果になったと研究者は考えています。

私自身の起業家としての経験を振り返ると、毎日がリトルCの実践でした。経営資源といわれる「ヒト・モノ・カネ」のすべてが足りないスタートアップビジネスでは、クリエイティビティを発揮して足りない部分を補わないと存続することができません。

そして、クリエイティブに考え続け、アイデアを捻り出して実行しているときは、メンタル不調とは無縁の状態といえます。そのような状況下で小さな成功を味わったときの喜びは格別です。したがって、起業家がワークエンゲイジメントのスコアが最も高いという結果は、私自身とても納得できます（もちろん神経をすり減らすことも多分にありますが）。

では、このワークエンゲイジメントが高い職業の調査結果を鑑みると、日本人の仕事に対する熱意の低さを解決するには、どんどん起業家を増やせば良いのでしょうか？

起業に向かない日本人

日本の起業率は欧米に比べて低いといわれています。前述のように、起業家は仕事に対する熱意が最も高い職業だとすると、日本でもっと起業家を増やせば、仕事の熱意が低い日本人という不名誉を挽回できるかもしれません。政府も起業家教育に力を入れると宣言しています。しかし、それにあたっては、私たち日本人の特性をよく理解しておく必要があります。

ＮＴＴデータ経営研究所の萩原一平氏の著書『脳科学がビジネスを変える　ニューロイノベーションへの挑戦』（日本経済新聞出版社）によると、不安や恐怖などに関連が強いセロトニンという神経伝達物質の伝達に関わる遺伝子を「セロトニントランスポーター遺伝子」といい、これにはＳ型とＬ型がありますが、Ｓ型がある人は、Ｌ型がある人に比べて不安傾向が強いようです（その組み合わせはＳＳ型、ＳＬ型、ＬＬ型の3種類になりますが、不安傾向が強いのは、ＳＳ型＞ＳＬ型＞ＬＬ型、という順番になります）。

そして、国立精神・神経医療研究センター・認知行動療法センター所長の大野裕博士らの研究によると、日本人はＳＳ型68・2％、ＳＬ型が30・1％、ＬＬ型は1・7％であることがわかりました。つまり、Ｓ型を有している割合が、98・3％にもなるのです。一方、アメリカ人の場合は、ＳＳ型18・8％、ＳＬ型48・9％、ＬＬ型32・3％でした。Ｓ型を保有している人は全体の約3分の2になりますが、ＬＬ型が約3分の1を占めているのは、日本人の状況とは大きく異なります。

他の調査結果でも、日本人は世界的に見て、不安傾向、慎重傾向、そして、リスク回避傾向が強いことが明らかになっています。となると、起業をどんどん促して、仕事の熱意の高い起業家を増やそうといっても、簡単には行かないかもしれません。日本にあったやり方は、他にあるのかもしれません。例えば、大企業の行う社内起業プログラムや、社員の副業を認めることなどは、日本人に合った、いわば「準起業家」を増やし、仕事の熱意を高める有効な方策になる可能性が高いのではないでしょうか。

大企業がセーフティネットを用意し、「準起業家」の不安を解消しながら、起業家精神（アントレプレナーシップ）とリトルCの実践を後押しすれば、日本人の仕事に対する熱意に大きな変化が生まれるかもしれません。実際に大企業でも、そのような取り組みが年々活発になってきています。

クリエイティビティに自信を持てない日本人

アメリカのソフトウエア会社アドビシステムズのグローバル調査（State of Create global benchmark study：アメリカ、イギリス、ドイツ、フランス、日本の5カ国の計5000人が対象）によると、「最もクリエイティブだと思う国はどこか？」という質問に対し、日本は第1位を獲得し（第2位はアメリカ）、東京は世界で最もクリエイティブな都市（第2位はニューヨーク）と評価されました。

一方で、「自分自身を表す言葉は？」という質問に対しての回答で、「クリエイティブ」と回答したのは、日本人では19％で、なんとこちらは最下位でした（1位はアメリカで52％）。

つまり、日本は世界各国からクリエイティブな国だと思われているにもかかわらず、日本人は自分たちのことをクリエイティブだと思っていないことが明らかになりました。要するに、日本人はクリエイティビティに対して自信がないといえます。

アップルの初代マウスをはじめ、数々のヒット商品を生み出した、世界的なイノベーションとデザインのコンサルティング会社、ＩＤＥＯの創設者であるデヴィッド・ケリー氏とトム・ケリー氏は、その著書『クリエイティブ・マインドセット』の中で、上述の調査結果を紹介した上で次のように述べています。

「日本人がもっと自信を持てば、創造力がさらに開花する」

「若い人々に創造力を発揮させる企業文化を築き、アイデアを実現できる環境さえ整えてやれば、日本はもっともっと前進できる」

仕事で「リトルC」を実践する

リトルCを生み出す「ジョブ・クラフティング」

日本のビジネスパーソンが抱える課題、つまり仕事への熱意やクリエイティビティに対する自信が低いことに対して、社内起業や副業などの「準起業家」になることが解決策として考えられると述べました。しかし、これらを実行するのはそう簡単ではないかもしれません。そこで、個人がもっと簡単に、自分の意志ひとつでできるリトルCの実践方法を紹介します。

ビジネスパーソンが現在の仕事にやりがいを見出せずに苦しんでいるとき、例えば、どのような選択肢があるでしょうか。

・部署の異動を申し出る
・転職する
・副業に活路を見出す

・趣味に生きる

どれも正解です。でも、「もう少し今の仕事でできることはないのか」という視点で考えると、「ジョブ・クラフティング」という方法があります。

ジョブ・クラフティングとは、働く人が自ら仕事に新たな意味を見出したり、仕事内容の範囲を変えたりすることを意味します。つまり、「やりがいを持って働けるように、働き方を工夫する手法」ともいえます。また、ジョブ・クラフティングは、仕事において「リトルC」を産み出す方法ともいえます。

ジョブ・クラフティングは、「仕事のやり方の工夫」「周りの人との関わり方の工夫」「仕事に対する考え方の工夫」の3つに分類できます。1つずつ説明しましょう。

■仕事のやり方の工夫

本来決められている仕事の手順や範囲を自分で変えることです。もちろん、組織の一員が勝手に大きく仕事内容を変更することは難しいわけですが、どんな仕事でも、「自分で変えられるスペース」が必ず存在します。

例えば、今までやっていた仕事の順番を入れ替えてみて、どちらが早く完了するか、ストップウォッチで計測して比較してみる、などです。スピードを自分で見える化するだけでゲーム感覚になり、モチベーションが上がります。

■**周りの人との関わり方の工夫**

同僚や顧客といった他者との関係性を増やしたり、その質を変えたりするために工夫することです。例えば、あまり話したことのない隣の部署の先輩にあえてアドバイスをもらいに行く、などが該当します。

■**仕事に対する考え方の工夫**

自分の仕事の目的や意味を捉え直すことです。

例えば、普段の自分の仕事が究極的には誰のどんな役に立っているのかを考え、そのシーンを強く想像したり、あるいは実際にその現場を自分の目で見てみたりすることで、仕事に対する捉え方が変わる可能性があります。

これら3種類の「ジョブ・クラフティング」を実践している人は、仕事への活力が高く、心理的なストレスは少なく、健康やパフォーマンスに良い影響があるとわかっています。

また、オランダのエラスムス・ロッテルダム大学心理学研究所による、化学工場の従業員288人を対象にした研究では、「ジョブ・クラフティング」を実践している度合いが高いほど、働きがいや仕事の満足度が高く、バーンアウト（燃え尽き症候群）のリスクが低い可能性があるとわかりました。

仕事の「ひと工夫」の実践例

この「ジョブ・クラフティング」を見事に実践した事例をご紹介します。2016年にハーバード大学経営大学院（MBA）のケーススタディにも採用された、有名な事例です。

東北新幹線などの車両清掃業務を担い、7分という世界最速のスピードで完璧な清掃をすることで注目を集めている会社、株式会社JR東日本テクノハートTESSEIの取り組みです。この会社は、「テッセイ」の愛称（旧社名の鉄道整備株式会社に由来）で親しまれており、2013年には、経済産業省が主催する「おもてなし経営企業選」50社に選出されました。

すごいのは、「魅せる清掃」と呼ばれる清掃技術だけではなく、礼儀正しさ、新幹線の乗客へのきめ細かなサービスにも定評があります。

社員はシニアの女性が比較的多く、新幹線の車両の掃除がメイン業務ですが、「自分たちの仕事は清掃だけではない。お客さまに気持ちよく新幹線をご利用いただくことだ」（『新幹線 お掃除の天使たち「世界一の現場力」はどう生まれたか？』より）という認識とプライドを強く持っています。

ある社員のシニア女性は、この仕事を始めたとき、娘さんにこう言われたそうです。

「お母さん、そんな仕事しかないの？」

また、旦那さんからは、こう言われそうです。

「親類にバレないようにしてくれ」

しかし、この仕事を始めてしばらくして、本人は次のように言っています。

「私はこの会社に入るとき、プライドを捨てました。でも、この会社に入って、新しいプライドを得たんです」

「ここは旅する人たちが日々行き交う劇場で、私たちはお客さまの旅を盛り上げるキャストなのです」

トップダウンでの組織変革が成功した部分が大きいとはいえ、一見地味な清掃業務を担う現場の社員一人ひとりが、自分たちの仕事をこのように捉えていることに驚きます。まさにこれは「ジョブ・クラフティング」のお手本のような事例です。

さらに驚きなのは、トイレ掃除さえプラスに捉えられていることです。

「ある程度、全体の清掃にも慣れ、熟練してきた人だからこそ、トイレを任されるんです」

「インストラクターが『あの人、よくなってきたね。そろそろ、トイレ、いいんじゃないの？』と判断するんです」

「この仕事を続けるうちに、『どんなに汚れていてもピカピカに戻す』という気持ちがどんどん強くなってくるんです」


彼女らにとって、新幹線のトイレ掃除は難しい仕事で、それを任せてもらえることは「認められた証」であり、名誉なことなのです。

この事例を知ると、どんな仕事でも「ジョブ・クラフティング」は可能で、リトルCをいくらでも生み出せると思えるのではないでしょうか。

ルーチンワークとマインドワンダリング

どんな仕事をしていても、どんなに「ジョブ・クラフティング」を意識していても、逃れられないルーチンワークが、ほとんどのビジネスパーソンにはあると思います。ルーチンワークも、実は「リトルC」を生み出すのに有効活用できます。

広辞苑によると、ルーチンワークとは「きまりきった、日常の仕事」という意味です。別の辞書では、「創意工夫の必要ない業務。つまらない仕事」という意味もあります。

スタートアップビジネスはルーチンワークとは縁遠いと思われるかもしれませんが、コピーを取ったり、メールボックスを整理したり、名刺の整理をしたりと必ずルーチンワークはあります。また、仕事を離れたらルーチンワークはいくらでもありますよね。入浴、歯磨き、様々な家事など、日常生活はルーチンワークの積み重ねで成り立っていると言えるでしょう。

アメリカの心理学および行動経済学者で、ノーベル経済学賞受賞者のダニエル・カーネマン氏はその著書『ファスト&スロー』の中で、私たちの脳には速い思考回路と遅い思考回路があり、速い思考をシステム1、遅い思考をシステム2と呼んでいます。システム1は直感的で、考える努力がほとんど必要ない思考モードで、システム2は論理的で注意力を必要とする思考モードです。ルーチンワークはシステム1でほぼ自動的に処理できてしまうので、すぐに慣れてしまい、退屈を感じるようになります。

そして、私たちは退屈を感じると心が彷徨いはじめ、いわゆる「マインドワンダリング」な状態になります。第1章でも述べたように、ハーバード大学の研究によると、アメリカ人は日中の時間の46・7％がマインドワンダリングの状態であることが明らかになっています。

退屈だとクリエイティビティが上がる!?

マインドワンダリングはメンタルヘルスの視点からは、心があちこちに彷徨って良くない状態と考えられていますが、クリエイティビティの視点からは、実は有用であることが複数の研究で明らかになっています。その一例として、イギリスのセントラル・ランカシャー大学心理学部の実験をご紹介します。

この実験では、80人の参加者を2つのグループに分け、1つのグループには、15分間、電話帳の電話番号をひたすら書き写すという退屈な作業を課し、もう1つのグループはその間、何もしませんでした。その後、全参加者に、「プラスチックのカップの新しい使い道を思いつく限り考える」という課題を課し、アイデアの数とユニークさを評価しました。

その結果、退屈な作業を行ったグループのほうが、約45％も多くアイデアを出しました。

この理由ですが、退屈な作業をしていると、だんだん目の前の作業に対する興味がそれ、白昼夢のような状態、つまり、マインドワンダリングな状態になり、それが一見関係のない考えや情報同士を結び付け、クリエイティビティを高める役割をするのではないかと研究者らは考えています。

また、カリフォルニア大学サンタバーバラ校の研究者らの実験でも、難易度の低い課題をやってマインドワンダリングになったグループは、クリエイティビティの課題の成績が約40%向上したという結果が出ています。

これらの研究結果から、退屈な作業によってマインドワンダリングになることは、クリエイティビティの向上には役立つ可能性があるといえそうですね。つまり、仕事で不可避のルーチンワークをうまく活用することで、「リトルC」を生み出すことができるのです。では、クリエイティビティを高めるのに適したルーチンワークとはどんなものでしょうか。

クリエイティビティを高めるルーチンワーク

先ほどの電話帳の電話番号をひたすら書き写すという実験には続きがあります。その続きの実験では、90人の参加者を、今度は3つのグループに分け、1つ目のグループは、15

分間、電話帳の電話番号を書き写し、2つ目のグループは、電話帳の電話番号を音読し、3つ目のグループはその間、何もしませんでした。その後、クリエイティビティを測定する複数の課題に取り組んでもらいました。

その結果、電話帳の電話番号の音読を行ったグループが、電話帳の電話番号を書き写したグループや、何もしなかったグループよりも、最も多くのアイデアを出し、さらにそのアイデアはよりユニークなものでした。

なぜ、電話番号の書き写しよりも音読のほうがよりクリエイティビティが高まったのでしょうか。それは、書き写しの場合は書き損じのないように脳が注意資源を消費する一方で、音読はそのような注意を払う必要がほとんどなく、よりマインドワンダリングな状態になったからと考えられます。つまり、退屈なルーチンワークの中でも単純な作業のほうが、クリエイティブになりやすい可能性があるのです。

クリエイティブな人は、頭をあまり使わない仕事を、難易度の高い仕事や深く考える必要のある仕事、あるいは、アイデア出しが必要な仕事の間にあえて挟むのがうまい傾向がありります。そのようにすることで仕事にメリハリを付け、「リトルC」を産み出し、実践しているのです。

仕事やプライベートで必ずやらなければならないルーチンワークを普段からリスト化しておき、アイデア出しが必要な仕事をする前に、リストアップしたルーチンワークの中から1つを選んで意図的に実施することを習慣化すると良いと思います。

ちなみに、私のおすすめは皿洗いです。マインドワンダリングな状態になりながら皿洗いをしていると、洗い終わった後に良いアイデアが浮かんでくる経験を何度もしています。

反芻思考もクリエイティビティに活かす

反芻《はんすう》という言葉があります。心理学の研究では、反芻（rumination）とは、ものごとを何度も繰り返し考え続けることと定義されますが、特に抑うつ的反芻は、自分の抑うつ気分やその状態に陥った原因などについてネガティブに考え続けることであり、抑うつ気分を持続させる要因であることが様々な研究で明らかになっています。

一方で、反芻はクリエイティビティにはプラスに働くことがあります。反芻思考の人は、自分自身を内省し、些細なことにも思考を巡らせることができる人なので、クリエイティブな活動に向いているという可能性があるのです。

ここで、そのことを確かめたスタンフォード大学心理学部の実験をご紹介します。この実験では99人の大学生を対象に、反芻思考の度合と、クリエイティビティの関係を調査しました。反芻思考の度合いの調査では、例えば、次のような質問に回答してもらいました。

「考えていることを書き出して分析することがあるか?」

「1人でどこかに行って、なぜそう感じるのかを考えることがあるか?」

また、クリエイティビティのテストでは、お題に対して出したアイデアの数や、アイデアのオリジナリティ、そして、思考の緻密性が測定されました。

その結果は仮説通りで、反芻思考の度合が高い人はクリエイティビティが高い傾向にあることがわかりました。その中でも特に、アイデア数(これを「流暢性」といいます)との相関が高かったのです。

つまり、反芻思考になりがちな人は自分の内面を見つめ、様々なことに思考を巡らせる癖がついているため、たくさんのアイデアを発想しやすいのですね。アイデアをたくさん出せると、その中には、オリジナリティの高いユニークなアイデアが含まれる可能性も高まります。

反芻思考が強い人は、頭の中であれこれ考えすぎてしまい、脳のエネルギーをたくさん消費してしまうため、疲労感につながり、ウェルビーイング（幸福）を低下させてしまいますが、ネガティブ思考にならないで、クリエイティブな発想のためにうまくその特性を活用することができれば、プラスの効果を得ることができます。

そのためには、頭の中だけでゴチャゴチャ考えずに、考えていることを書き出して分析してみたり、時間をキッチリ決めて、1人でどこかに行って、なぜそう感じるのかを考えたりするのが良いと思います。

クリエイティブな人は一見、パッとアイデアを出して、サッと行動に移すことに長けているように見えます。けれども、人知れず自分だけの深い思考の時間をつくっていることがよくあります。そのときは、この反芻思考をうまく活用しているのです。

ToDoリストのメリットとデメリット

仕事を効率良く、かつ、抜け漏れなくこなしていく上で、「ToDoリスト（やることリスト）」を作成するのはとても有効ですが、「リトルC」を実践する上では、ToDoリストにはメリットとデメリットがあります。

メリットとしては、こなすべきタスクがたくさんあり、しかも、そのジャンルが多岐にわたるときに、優先順位を付けてタスクを管理することで、本来やるべきことに割く時間が足りなくなってしまう事態を回避できることが挙げられます。やるべきことがたくさんあると、人は目先の作業に飛びつきやすい習性があることが研究で明らかになっていますので、ToDoリストを活用して、やることの優先順位を明確にすることはとても重要です。

一方で、毎日、ToDoリストできっちりタスクを管理していると、定型タスクばかりをこなす仕事のスタイルになる危険性があります。なぜなら、リストに記載しやすいのは定型タスクであり、リストに記載した以上は完了マーク（チェック）を入れたくなるのが人の習性だからです。このような仕事のスタイルは効率的ではある一方で、クリエイティビティを低下させてしまう可能性があります。

「不足」がクリエイティビティを高める

「ToDoリストには大きなメリットがある一方で、きっちり管理しすぎるとクリエイティビティが低下する可能性があるというデメリットについても述べましたが、それに関連して面白い実験を紹介します。

アメリカのイリノイ大学アーバナ・シャンペーン校の研究者らは、人は「不足」を思い浮かべるとクリエイティビティが高まることを6つの実験で明らかにしました。

最初の実験では、大学生の参加者を2グループに分け、1つのグループには、「お金やモノがない環境で育つこと（不足）」を想像して3分間エッセイを書くように指示し、もう1つのグループには、「お金やモノが豊富な環境で育つこと（豊富）」を想像して3分間エッセイを書くように指示しました。その後、参加者全員のクリエイティビティを測定するために、ブロックで子どもが喜ぶオモチャをつくるように指示しました。できたブロックのオモチャは、第三者が厳正にそのクリエイティビティ（特に新規性）を評価しました。

その結果、「不足」を想像したグループのほうが、クリエイティビティ（新規性）のスコアが、「豊富」を想像したグループよりも、20％以上高かったのです。また、他の5つの実験では、「不足」や「豊富」をイメージさせる画像をインターネットで検索させた後、クリエイティビティを測定しましたが、いずれも同様の結論が得られました。

研究者らによると、「不足」を想像することで、固定観念（例えば、モノの本来の機能や使い方など）に囚われなくなり、自由な発想が可能になるため、創造性が高まるとのこと。ちなみに、「不足」を想像するテーマに関係なく、何らかの「不足」を思い浮かべるだけで、クリエイティビティが高まったのです。

この実験をToDoリストに絡めて考えると、タスクをきっちり網羅的にToDoリストで管理するよりも、「不足」があるくらいの状態のほうが「リトルC」を実践する上では望ましい可能性があります。では、ToDoリストとどのように向き合えば良いのでしょうか。

「やらないことリスト」の有効活用

上述の実験から、「不足」を思い浮かべることがクリエイティビティの向上には重要だとわかりました。そこで、ToDoリストの功罪（定型タスクによるマンネリ化）を解消し、クリエイティビティを取り戻すのに有効な簡単な方法をご紹介します。それは、「やらないことリスト」をつくって実行（不実行）することです。

「やらないことリスト」にリストアップされたことは、その日一日、やらないで我慢することになりますので、これは明らかに「不足」を感じることになります。毎日同じことをやっていると同じ思考回路がどんどん強化され、他のことを発想しづらくなることが脳科学の研究で明らかになっています。「不足」を感じることで他の手段を考えるようになることが、クリエイティビティの向上にはとても大事です。

とはいえ、毎日やらないといけない業務上の定型タスクを一日やらないというわけにもいかないと思いますので、この「やらないことリスト」に記載するのは、仕事に支障のないこと、例えば、ちょっとした日課や楽しみにするのが良いと思います。

私の場合ですと、一日にほぼ必ずコーヒーを飲みますので、「やらないことリスト」に「今日一日、コーヒーを飲まない」と記載します。こうすることで、コーヒーを買って飲むというルーチンが制約されますので、その代わりになる行動を考えて実行することになります（例えば、今日はいつも買わないルーイボスティーを買って飲もう、という具合に）。

こうすることで、普段とは異なる行動を自然に取ることになり、それがクリエイティビティの刺激につながります。クリエイティブな人は、新しいものごとへのアンテナが高く、マンネリ化を回避する行動を自然に取る習慣が身についていますが、多くの人はどうしても毎日同じ行動パターンを取りがちです。その習慣を変えて「リトルC」を実践するためにも、この「やらないことリスト」をたまに実行してみてください。

デスクワークで行き詰まったら「距離をとる」

長時間のデスクワークで行き詰まってくると、取り組んでいるタスクが難しく感じられます。そのような状態のときは、リトルCは期待できません。クリエイティブな人は、自分の身体感覚を感じ取ることに長けているので、行き詰まった状態を感知すると、それを打開する行動をとります。その中でも簡単に実行できる解決策があります。それは、やっているタスクから、文字通り、「距離をとる」ことです。

アメリカのコーネル大学ジョンソンビジネススクールの研究者らは、姿勢を前後に変えることで、目の前のタスクの（知覚）難易度が変化するかを調査しました。実験では、92人の大学生を2つのグループに分け、目の前のスクリーンに表示される難しいスペリングの英単語を音読するように指示しました。この課題に取り組むときに、1つのグループは椅子に座って前傾姿勢（前に20度ほど傾斜）になり、もう1つのグループは椅子にもたれかかり、後傾姿勢（後ろに45度ほど傾斜）になりました（次ページの図参照）。

結果は、後傾姿勢をとったグループは、前傾姿勢を取ったグループよりも、タスクの難易度が低いと回答したのです。これは、目の前の課題と身体的な距離を取ることで、心理的距離が遠く感じられるようになったからです。社会心理学の理論によると、人間は心理的距離が遠くなると考え方が抽象的になり、それによって、目の前のタスクの難しさが軽減されるのです。

このように後傾姿勢をとることで、タスクから身体的な距離をおくという経験（身体的な感覚経験）と、抽象的な概念（心理的距離）を結び付けて認識してしまう現象を、第1章でも述べましたが、身体化認知といいます。日本語には、この身体化認知を裏付ける言葉の使い方がたくさんあります。例えば、「温かい人柄」という言葉は、「温かい」という身体的な感覚経験を比喩として用いることで、抽象的な人柄の中身を表現していますし、「重い決定」や「お堅い人」なども同様です。

イェール大学などの研究では、冷たいコーヒーカップを持った後に比べ、温かいコーヒーカップを持った後のほうが、他者を「温かい人」であると評価することが明らかになっています。これは、コーヒーカップの「温かさ」が、「温かい」という人柄の評価に影響したと考えられます。このように、私たちは身体感覚を少し操作されるだけで、ものごとの受け止め方が容易に変化します。

心理的距離が大きいほど抽象思考に

心理的距離には、例えば、明日の予定なのか、1年後の予定なのかという時間的距離や、地元で起きた事件なのか、遠い外国で起きた事件なのかという空間的距離などがあります。私たちは、心理的距離が近いほど具体的に考え、遠いほど抽象的に考えることがわかっています。

図 11　デスクワークで行き詰まったときは?

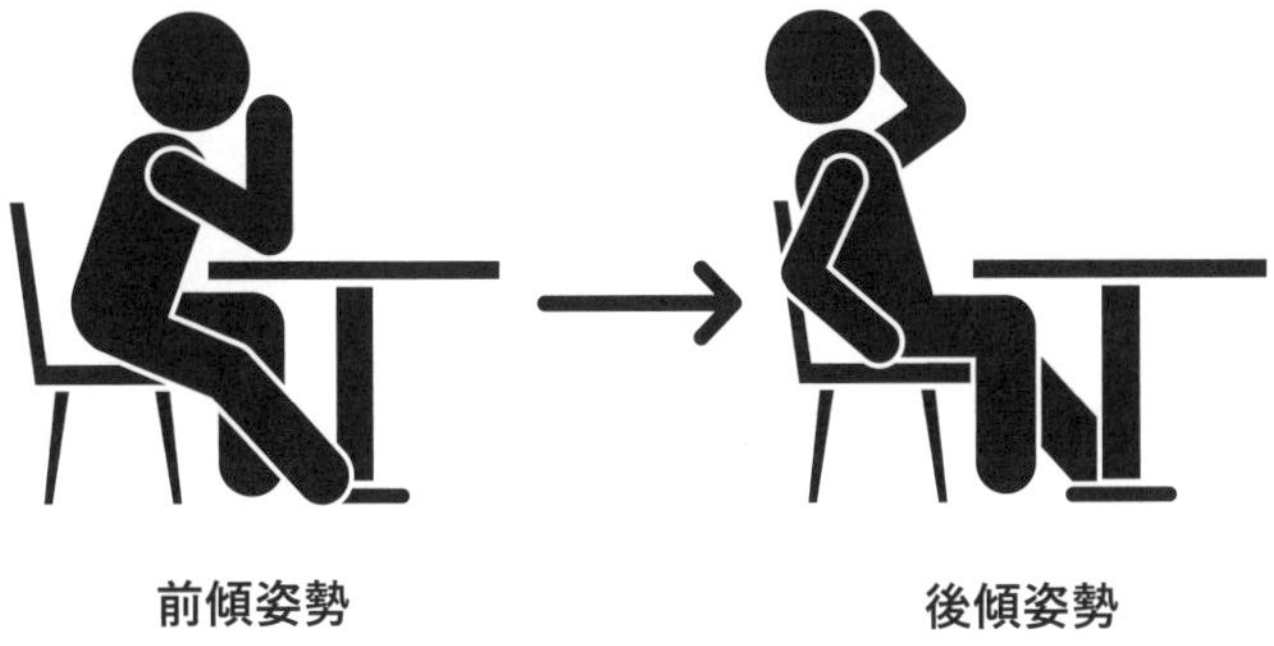

出典:Thomas, M., & Tsai, C. I. (2012)をもとに作成

ドイツのブレーメン国際大学の研究者らは、心理的距離とクリエイティビティの関係を調査しました。実験では、1つのグループには、「1年後の自分の生活を2分間想像しなさい」と指示し、もう1つのグループには、「1日後の自分の生活を2分間想像しなさい」と指示しました。その後、参加者のクリエイティビティを試すために、「植物に水をやる方法（具体的課題）」または「部屋をもっと良くする方法（抽象的課題）」について、できるだけ多くのアイデアを出しなさいと指示しました。

その結果、「1年後の自分の生活を2分間想像しなさい」と指示されたグループ、つまり、心理的距離が遠くなったグループは、抽象的課題（部屋をもっと良くする方法）に関するユニークなアイデアをより多く出すことができました（ちなみに、具体的課題についてはグループ間で差はありませんでした）。心理的距離をとることで思考が抽象化し、抽象的な課題に対して、よりクリエイティビティを発揮できるようになったのです。

以上のことをまとめると、仕事中にリトルCを生み出したいときは、後傾姿勢をとって、タスクとの身体的距離をとったり、少し先（1年先）のことを考えたり（時間的距離）、遠い海外での出来事を考えたり（空間的距離）すると効果的です。これなら、いつでも簡単に実行可能ですね。

行き詰まったら注意の範囲を広げる

心理的距離をとることに似ていますが、注意の範囲を広げることで、クリエイティビティが高まることを示した研究をご紹介します。

ドイツ体育大学ケルンの研究者らは、人の注意が狭い範囲に向けられているか、広い範囲に向けられているかの違いによって、クリエイティビティに影響があるか、実験を行いました。

実験では、クリエイティビティの測定の前に、参加者（57人の大学生）の注意の範囲を広げる、または狭めるための操作が行われました。具体的には、パソコン画面上に図のように、多数の小さな文字（H）で構成される1つの大きな文字（F）が表示され、1つのグループは大きい文字（F）だけに注目し、もう1つのグループは小さい文字（H）だけに注目し、それぞれターゲットとなる文字が表示されたらボタンを押すように指示されました（これを48回繰り返しました）。

これによって、大きい文字（F）に注目するように指示されたグループは、注意の範囲が広がり、小さい文字（H）に注目するように指示されたグループは、注意の範囲が狭くなりました。

それから、全員がクリエイティビティの課題（ハシゴを使って多くの運動パターンのアイデアを産み出す）に取り組んだ結果、大きい文字に注目したグループは、小さい文字に注目したグループよりも、より柔軟に様々なアイデアを産み出したのです。

この結果から、注意範囲を広げることは、クリエイティビティの向上に有用であることが示されました。心理的距離や注意範囲を広げるという行為は意識していればいつでもどこでも実践可能ですので、例えば、「行き詰まっていると感じたときは、窓の外を1分間眺める」など、ルール化しておき、こまめに実践してみましょう。

図 12　注意の範囲を操作するのに使用された図

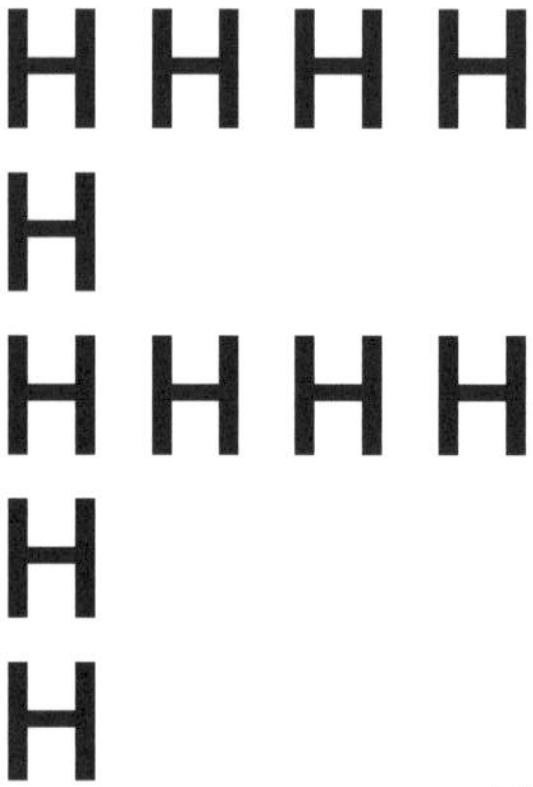

出典：Muraru, A.,et ai., (2016)をもとに作成

適度な環境音がアイデアを生む

最近は働き方の多様化により、様々な場所で働くことが可能になってきていますが、例えば、カフェのような場所で仕事をするとき、BGMやコーヒーを入れる音、人の話し声や外の環境音など様々な音を耳にすると思います。では、これらの環境音はクリエイティビティにどんな影響を与えるのでしょうか。

イリノイ大学アーバナ・シャンペーン校の研究者らは、環境音とクリエイティビティの関係を、60人の大学生を対象に調査しました。実験では、カフェでの人の話し声、交通音、遠くの工事現場の騒音などをブレンドして一般的な環境音をつくり、そのノイズ・レベルを低・中・高（それぞれ、50dB、70dB、85dB程度）の3段階に分け、そのいずれかの条件に参加者を割り当てました。すべての参加者は、ヘッドフォンでいずれかの環境音を聞きながら、新しいマットレス商品のアイデアを考えるという課題に取り組みました。出たアイデアは、実験の背景を知らない2人の評価者によって厳格に評価されました。

その結果、適度な環境音（70dB程度）の参加者が、とても静かな環境音（50dB程度）や、ややうるさい環境音（85dB程度）の参加者よりも、クリエイティビティの高いアイデアを発案しました。

適度な環境音によって、参加者の思考が抽象化し、良い意味で現実から少し離れることができた結果、よりクリエイティブな新しい商品のアイデアが浮かんだと考えられます。一方、ややうるさい環境音の参加者は、高ノイズによって処理能力が低下し、思考の抽象化による良い効果が打ち消されてしまい、あまりクリエイティブなアイデアを出せませんでした。また、静かすぎる環境もクリエイティビティが必要な仕事には最適ではないことも明らかになりました。ちょっとしたアイデアや工夫の必要な仕事に取り組むときは、適度な環境音のある場所で取り組んでみましょう。

クリエイティビティを重視する会社は、オフィスで音楽をかけることに寛容な会社も多く、この適度な環境音の効果をうまく活用しています。また、オフィスのエリアを分け、「集中」に最適なエリア、「クリエイティビティ」に最適なエリアなど、仕事の内容に合ったオフィス環境の提供を重視する会社も増えています。私の会社はそのようなオフィスのエリアの効果が狙い通り出ているかを、ウェアラブルセンサを使って測定してきましたが、きちんとチューニングすることで狙った効果を出すことは可能であることがわかりました。

あえて整理整頓しない

雑然と散らかった部屋と整然と整理された部屋、どちらがクリエイティビティを高めるでしょうか。また、男女で差はあるのでしょうか。

アメリカのミネソタ大学ビジネススクールの研究者らは、48人の参加者（大学生）を、整理整頓された部屋または散らかった部屋のどちらかに割り当て、そこでピンポン玉の新しい使い方を10個リストアップするという課題を与えました。リストアップされたアイデアは、実験の背景を知らない2人の評価者によって厳格に評価されました。

その結果、散らかった部屋の参加者のほうが、整理整頓された部屋の参加者よりも、クリエイティビティの評価が40％以上高かったのです。この傾向に男女差はありませんでした。ここでいうクリエイティビティの評価というのは、出たアイデアの質の評価になります。つまり、アイデアの新規性が高く、かつ、実用的であることですね（いくら奇抜なアイデアであっても、実際に実行できるものでなければ意味がありません）。

この理由ですが、整理整頓された環境にいる人は、無意識のうちに慣習や規律を重んじる傾向になりやすく（例えば、ニューヨークの地下鉄の落書きを一掃したことで、凶悪な犯罪の数が激減し、治安が改善したという事実があります）、逆に、散らかった環境にいる人は慣習や規律から解き放たれ、クリエイティビティを発揮しやすくなることが考えられます。私たちはいかに環境の影響を受け易いかがわかりますね。

博報堂ケトルの創設者でクリエイティブディレクターの嶋浩一郎さんの書籍『嶋浩一郎のアイデアのつくり方』で紹介されている内容は、この研究結果とまさに一致します。そこには、次のように書かれています。

情報は一度ラベルを貼ってフォルダに入れて片付けてしまうと死んでしまう！（中略）もし、情報が放し飼いできれば、情報と情報の〝想定外〟の出会い＝「化学変化」をプロデュースできるのです。今までない組み合わせから斬新なアイデアが生まれるわけです

——出典：嶋浩一郎『嶋浩一郎のアイデアのつくり方』ディスカヴァー携書

これは情報をメモする方法について述べたものですが、あえて分類せずに時系列で続けてメモしていくことで、一見何の関係もなさそうな情報同士が、メモ帳上で隣り合わせになり、そのようなメモをたまにパラパラと見返していると、思いがけないアイデアが生ま

れる、ということを述べています。

ロジカルにものごとを整理したいときは整理整頓も大事ですが、その前に広くアイデアを考えたいときは、あえて散らかった空間に身を置いてみましょう。クリエイティブな人は整理整頓をするべき最適なタイミングを心得ています。

快適な服装でアクティブに行動する

どんな服装で仕事をするかは業界や職種、あるいは曜日によっても異なると思いますが、服装が仕事のパフォーマンスに与える影響はあまり知られていないように思います。私がソニーで商品企画の仕事をしていたときは、スーツを着る機会は限られていましたが、スーツを着て仕事をする日とカジュアルな格好で仕事をする日では、明らかに一日の終わりの疲労感が異なると感じていました。

その後、起業してウェアラブルセンサで多くのビジネスパーソンの生体情報を測定する中で、大手カジュアル衣料品の会社と柔らかい素材の履き心地の良いジーンズを履いたときのストレスや疲労の軽減効果を測定する実験を行う機会を得ました。

この実験では、参加者を3グループに分け、それぞれ「履き心地の良いジーンズ」、「通常のデニムのジーンズ」、「スウェットパンツ」を履いて、東京 - 名古屋間をバスで往復してもらい、その間の生体情報（自律神経活動）をウェアラブル心拍センサで常時測定し、ストレスや疲労の状態を分析しました。

その結果、自律神経の総活動量であるトータルパワーから推定する疲労度は、履き心地の良いジーンズとスウェットは同等で、通常のデニムのジーンズよりもかなり低い（トータルパワーは約65％高い）こと（図左）、そして、ストレス度は、スウェットよりは高いものの、通常のデニムのジーンズと比べると約22％も低いこと（図右）がわかりました。

この結果から、私は自分がソニーの商品企画時代に感じていた、スーツを着て仕事をする日はカジュアルな格好で仕事をする日よりも疲れるという仮説を確かめることができました。クリエイティブな人は、必要以上にかしこまったりせず、自分が快適であることを重視する傾向があります。そのため、外部の人に会うこともないような日は、迷わずにカジュアルな服装を選び、快適に仕事をこなします。

クリエイティビティを発揮するのに最適なのは、ポジティブで活性度の高い状態であると序章で述べましたが、履き心地の良いジーンズは、この条件に適しています。なぜなら、履き心地の良いジーンズは、不要なストレスを緩和し、リラックス気分を高めてくれるとともに、疲労の軽減を通じて活性度を高めてくれると考えられるからです。

クリエイティビティを生み出すには、先述の通り、リラックスしているだけではダメで、活性度が高いことが大事ですので、履き心地の良いジーンズを履いて、アクティブに行動することで、「リトルC」をたくさん産み出せる可能性が高まります。

日本人のオフィスワーカーの場合、勤務時間の約70%は座っているため、座っている時間を減らし、軽く体を動かす時間をいかに増

図13　服装ごとの疲労度とストレス度

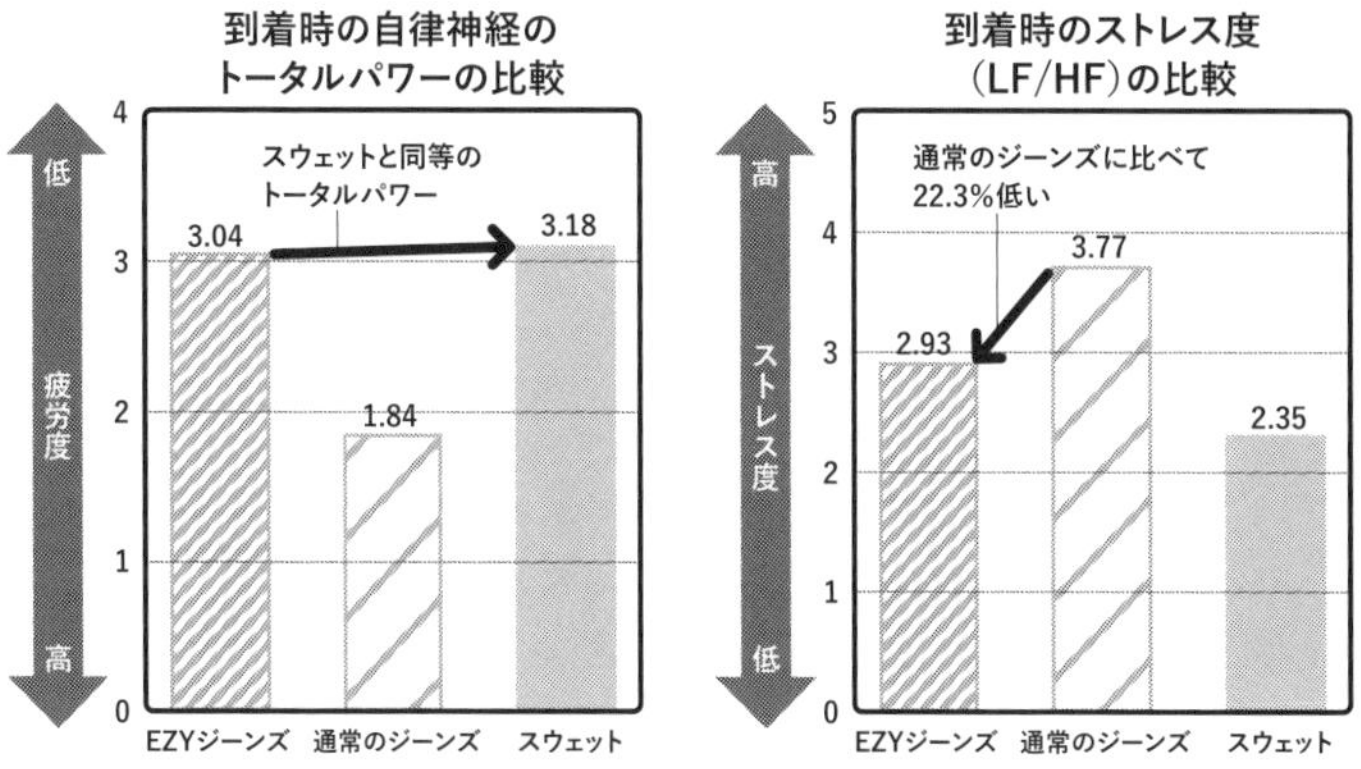

出典：株式会社ユニクロのプレスリリース（WINフロンティア株式会社作成データ）をもとに作成

やすかが大事ですので、この点からも履き心地の良いジーンズは望ましいといえます。

服の柔らかさが発想の柔軟性につながる?!

履き心地の良いジーンズがクリエイティビティを高める根拠として、興味深い仮説をもう1つご紹介します。簡単にいうと、履き心地の良いジーンズの「柔らかさ」は、発想の「柔軟性」につながる可能性があります。なぜなら、先述の通り、私たち人間は、言語の理解を含む認知処理を行う際に、単に脳内での処理にとどまらず、身体感覚からの情報も活用しているからです。再三の説明になりますが、この考え方を心理学では、身体化認知と言います。次に、これに関するわかりやすい実験例をご紹介します。

アメリカのマサチューセッツ工科大学スローン・ビジネススクールの研究者らは、54人の通行人に、軽い（340グラム）または重い（2041グラム）クリップボードを持ってもらい、そこに挟まれた求職者の履歴書を見てもらい、その求職者の人物像を評価してもらいました。

その結果、重いクリップボードで評価したグループは、軽いクリップボードで評価したグループに比べ求職者の能力を高く評価したのです。これは、クリップボードを持ったときの「重い」という身体感覚が、本来まったく関係のない人物の評価に無意識に影響を与え、その人物が「重要」であるという判断に至ったと考えられます。

このように身体化認知の概念に照らすと、履き心地の良いジーンズの「柔らかさ」は、発想の「柔軟性」、つまり、クリエイティビティの向上につながる可能性があると考えられます。職場の状況が許す人は積極的に履き心地の良いジーンズなどのカジュアルな服装で仕事をする日を設け、「リトルC」の実践に役立てましょう。

仕事のクリエイティビティが健康を左右する

ここまで仕事での「リトルC」の実践について、様々な研究をご紹介しながら説明してきましたが、その締め括りとして、仕事でクリエイティビティを発揮することが健康にも良い影響を与えるという研究をご紹介します。

アメリカのテキサス大学オースティン校の研究者らは、仕事での自律性（自分の裁量で意思決定できること）とクリエイティビティ（ルーチンワークではなく、創意工夫でき、自己を表現できること）が健康に与える影響について、1995年と1998年の全米の世帯データを使って調査しました。ここでいう健康とは、急性や慢性の疾患の罹患歴や、疲労感、幸福感、身体の様々な痛み（頭、背中、腰、膝など）などに関する質問を総合的に評価した指標です。

その結果、会社勤めの人は、高等教育を受けた年数が長いほど、仕事における自律性とクリエイティビティが高いことがわかりましたが、健康により影響するのはクリエイティビティのほうでした。

自分の裁量で意思決定できる自律性の高い人は、クリエイティビティを発揮し、自己表現ができていることが多いのですが、自律性は健康への影響が限定的である一方、クリエイティビティが高いと健康に良い影響があることが示唆されたのです。

研究者らは、仕事におけるクリエイティビティが20％高いことによる健康への影響は、加齢による健康への影響（一般に、健康状態は年齢とともに低下するという前提）に換算すると、6・7年分に相当すると考察しています。つまり、仕事でのクリエイティビティを20％高めることができると、実際の年齢よりも6～7年若いときの健康状態でいられる可能性があるのです。

また、クリエイティブに仕事をすることは、うつ病を抑制したり、自己コントロール感を高めたり、認知機能を改善するという研究結果もあります。

どんな仕事でも、ひと工夫を加えることで、仕事を面白くする余地はあるものなので、この章でご紹介した仕事での「リトルC」の実践方法を活用しながらクリエイティビティを発揮し、健康に良い働き方を目指しましょう。

第3章まとめ

- 充実したメンタル・リソースを土台にすれば、誰でも小さなクリエイティビティ（リトルC）を実践することができる。
- 日本人の仕事に対する熱意やクリエイティビティに対する自信は諸外国の人々と比べて低い。
- リトルCを生み出すために、「ジョブ・クラフティング」を実践し、今の仕事にひと工夫を加えることが大事である。
- ルーチンワークも実はクリエイティビティを高めるには役に立つので、仕事の順番を工夫することが大事である。
- To Doリストは定型業務をこなすには良いがクリエイティビティにはマイナスになる可能性もあるので、「やらないことリスト」をうまく活用する。
- デスクワークで行き詰まったら適度な距離を取り、思考を抽象化させることで、注意範囲を広げ、クリエイティビティを高められる。
- 適度な環境音や快適な服装で仕事をすることはクリエイティビティを高めるのに効果的である。また、仕事でクリエイティビティを発揮することは健康にも良い。

第4章

仕事のやりがいと クリエイティビティ

第1章と第2章ではメンタル・リソースを充実させる方法を、第3章ではそれを土台にリトルCを実践する方法を説明してきました。本章では、仕事のやりがいとクリエイティビティについて解説します。リトルCを実践することで、仕事のやりがいを高められるからです。

本章では、まず仕事に没入するために必要なことについて説明し、次にクリエイティビティは鍛えられること、最後に起業家とクリエイティビティの関係について説明します。

仕事で「フロー」状態になる方法

時間感覚を失うほど没入する

時間を忘れて仕事に没入した経験は、どれくらいありますか。

アメリカの心理学者ミハイ・チクセントミハイ博士は、時間感覚を失うほど、何かに没入している状態を「フロー」と呼びました。スポーツ選手やクリエイターは、フローという状態を経験しやすいといわれています。

そして、新しいビジネスを立ち上げる経験もスポーツ選手やクリエイターと同様、フローを経験しやすいと私は考えています。例えば、自分たちのビジネスで社会課題を解決するという大きな目標に向かって、新たなプロダクトやサービスを企画したり、ユーザーのログデータを分析して市場開拓の糸口を発見したり、あるいは、思いを共有できるビジネスパートナーと未来を見据えたディスカッションをしているときなどは、まさにフローの状態になります。

フローの状態では、称賛や金銭的報酬といった外部からの利益は一切関係なくなり、活動それ自体が楽しく、自分のすべての意識がその活動に向けられている状態になるといわれています。起業の過程で、たしかに私もそのような感覚を何度も経験しました。

チクセントミハイ博士は、第二次世界大戦後に荒廃した祖国ハンガリーで、仕事や家などを失い、生きる希望をなくしてしまった大人たちの姿を見て、「生きることとは何か」「幸せとは何か」を考えるためにアメリカに移住し、心理学を学びました。そして、いつどんなときに人は幸せを感じるのかを、芸術家や科学者、スポーツ選手を対象として、インタビューを繰り返したのです。その結果として明らかになったのが、このフローという状態です。

「フロー」になるための条件

チクセントミハイ博士は、フローが起きやすい主な条件として次の7つを挙げています。

1. 目標が明確である（何をすべきか理解している）
2. どれくらいうまくいっているかを知る（ただちにフィードバックが得られる）
3. 挑戦と能力の釣り合いを保つ（活動がやさしすぎず、難しすぎない）

4. 注意の散漫を避ける（活動に深く集中し探求する機会を持つ）
5. 自己、時間、周囲の状況を忘れる（現実から離れ、我を忘れる）
6. 活動に本質的な価値がある（活動が苦にならない）
7. 行為と意識が融合する（自分はもっと大きな何かの一部であると感じる）

スタートアップビジネスや、社内ベンチャーとして新しいビジネスを立ち上げる局面では、アントレプレナー（起業家）やイントレプレナー（社内起業家）は、この条件にとても合致しています。

なぜなら、目標は明確であり（そもそも明確でないと、起業しようと思わない）、プロダクトやサービスを市場にローンチする前から、潜在顧客や投資家からフィードバックをもらうことが常です。挑戦と能力の釣り合いに関しては、ギリギリのチャレンジをすることが多く、ほとんどの場合、そのビジネスを立ち上げることが何らかの課題解決につながると思っているため、本質的な価値があると感じています。そして、我を忘れてビジネスに集中し、お客さまや世の中に何らかの付加価値を提供できたと思えたときは、自分はもっと大きな何かの一部であると感じられるのです。

これは、とてつもないやりがいにつながります。もちろん、リスクやデメリットも多々ありますが、フローを結構な頻度で体感できる仕事はとても貴重です。映画やドラマを制作するプロデューサーやディレクター、クリエイターも同じようにフローを経験しやすい仕事です。そして、フローを経験する頻度が高いほど、ウェルビーイング（幸福感）が高いことも研究で明らかになっています。

仕事で「フロー」が起きにくい理由と対処法

しかし、今日の一般的な仕事においては「フロー」が起きにくいようです。チクセントミハイ博士は、仕事でフローが起きにくい理由について、「今日の仕事には明確な目標がほとんどない」（仕事の多くが従業員にとって不明瞭である）こと、「従業員のスキルが仕事の難易度にうまく適合していない」（優秀な社員でも重要でない作業に忙殺される）こと、などを理由に挙げています。

明確な目標がないのは、仕事の複雑化が原因の1つと考えられます。繰り返しになりますが、仕事の複雑化によって、社員は自分の仕事が本当に付加価値を生んでいるのか、誰のどんな役に立っているのかを実感できなくなっています。

これに対処するには、自分の会社が顧客に対して感動や満足感を持ってもらえる製品やサービスを提供できているという自負心を社員が持つことが、職種を問わず重要だとわかっています。つまり、自分の会社のお客さんの反応を直に知る経験をするべきなのです。

次に、社員のスキルと仕事の難易度が合っていない問題について、チクセントミハイ博士は、下図のように、自分のスキルレベルが高く、難易度が高い仕事に取り組むとき、最も「フロー」になりやすいことを明らかにしました。

スキルレベルが低いのに難しい仕事に取り組むと「不安」になり、スキルレベルが高いのにやさしい仕事に取り組むと「退屈」になります。また、スキルレベルが低い社員がルーチンワークなどのやさしい仕事に取り組

図14　高スキル・高難度のときはフローになりやすい

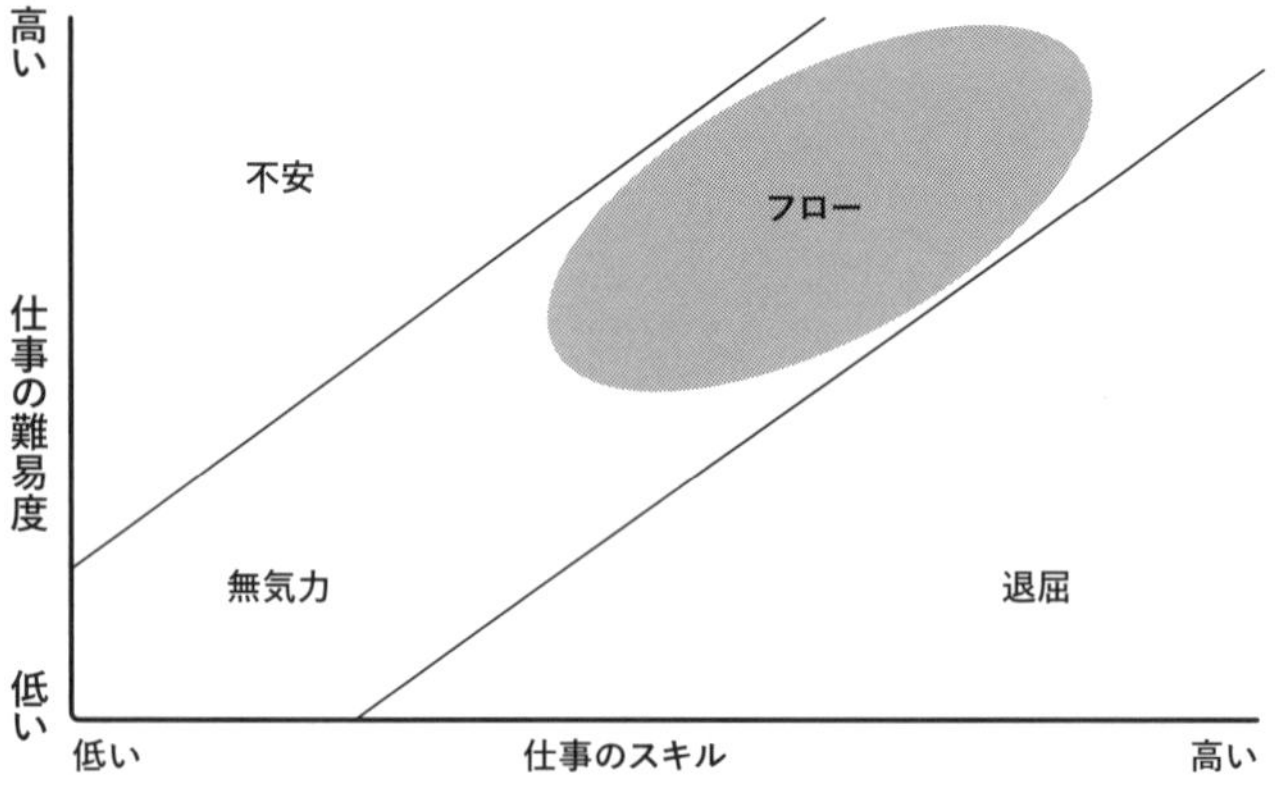

出典：Csikszentmihalyi, M. (1990)をもとに作成

み続けると、「無気力」な状態になります。

つまり、積極的に新しいスキルを身に付け（これを「リスキリング」といいます）、どんどん難しい仕事に挑戦することが、仕事で「フロー」を経験するために大事なことなのです。ですから最近では、政府も会社員のリスキリングを積極的に支援する方向に舵を切っています。

モチベーションとクリエイティビティ

次に、クリエイティビティを発揮する上で、とても大事な要素であるモチベーションについて説明します。モチベーションがなければ、良いアイデアを考えようという気持ちにはなれませんので、モチベーションはクリエイティビティの原動力といえます。

ところで、このモチベーションには、行為そのものに興味を持って楽しむ内発的モチベーションと、金銭や他人の評価のような報酬を目当てとする外発的モチベーションがあります。この内発的あるいは外発的モチベーションとクリエイティビティの関係については、長年多くの研究が行われておりますが、この領域で著名なハーバード大学ビジネススクールの心理学者テレサ・アマビール博士の興味深い研究をご紹介します。

アマビール博士の実験に参加した72人は、週に平均6時間は執筆活動を行っている者で構成され、実験では、俳句形式の詩を2本（テーマは「雪」、「笑い」）書いてもらいました。1本目の詩は何も操作せず、自然な状態で書いてもらったのですが、2本目の詩を書く前に、以下のように参加者を3つのグループに分け、それぞれ異なるモチベーションの操作を行いました。

・1つ目のグループ：内発的モチベーションを想起させる（「書くことは喜びである」、「自己表現から満足感が得られる」などの文章を読ませる）
・2つ目のグループ：外発的モチベーションを想起させる（「書くことで他人から評価される」、「書くことで経済的に安定する」などの文章を読ませる）
・3つ目のグループ：何も操作しない

その後、全員に2本目の詩を書いてもらい、12人の有識者が1本目と2本目の詩のクリエイティビティを評価しました。

その結果、外発的モチベーションのグループは、1本目の詩に対して、2本目の詩のクリエイティビティのスコアが約13%も低下しました。一方、内発的モチベーションのグループと何も操作されなかったグループは、2本目の詩のクリエイティビティのスコアが少し向上しました。

この実験の参加者は、普段から執筆活動をしており、もともと書くことへの内発的モチベーションが高いと考えられるので、内発的モチベーションの操作では、さほどスコアに影響はなかった一方で、外発的モチベーションはクリエイティビティを阻害する場合があることがわかりました。ただし、別の研究では、報酬などが自分への評価につながる場合は、外発的モチベーションもクリエイティビティを向上させるという結果も出ており、実は研究者の間でも結論が一致していません。

しかし、外発的モチベーションの効果はさておき、行為（仕事）そのものへ興味を持って内発的モチベーションの高い状態で仕事に取り組むことは、クリエイティビティの向上に不可欠のようです。そのためには、第3章でも述べた「ジョブ・クラフティング」によって、仕事にひと工夫を加え、仕事そのものから喜びを得られるような働き方をすることが重要です。

クリエイティブな人はこの内発的モチベーションを高く維持することにとても長けています。なぜそれが可能なのかというと、理由の1つとして、クリエイティブな人は、自分ならではの（場合によっては、自分しかわからない）仕事の喜びを感じるポイントを持っていることが多いからです。例えば、自分が作成したプレゼン資料に忍ばせたちょっとしたこだわりが、思いの外、聞いている人に好評だったというようなケースです。こうした何気ない喜びは内発的モチベーションを高く維持する上で、とても大事になってきます。

クリエイティビティを支援する組織風土

ビジネスパーソンにとって、職場の雰囲気はとても大事です。本書では、ポジティブ感情と高い活性度が「リトルC」の実践を可能にすることを説明しています。しかし、ビジネスパーソンにとっては仕事時間の大半を過ごす職場が、そもそもクリエイティビティを支援する風土であるかどうかが、決定的に重要です。

これは第2章で述べた「心理的安全性」にも関連しますが、ここでは職場がクリエイティビティを発揮することを支援していると社員が認識できることが、社員の仕事の満足度やストレスに対して大きな影響を与えることを示した、カリフォルニア大学アーバイン校の研究をご紹介します。

この研究では、97人のフルタイム社員を対象に、社員が職場でクリエイティビティを支援されていると感じているかどうかと、仕事の満足度、ストレスの関係について、調査を行いました。職場がクリエイティビティを支援していると感じるかどうかは、以下の4つの質問で測定されました。

- 職場でのクリエイティブな活動は、どの程度可能ですか？
- 職場でクリエイティビティを感じることはどの程度ありますか？
- 職場であなたのクリエイティビティはどの程度、奨励、または阻害されますか？
- 職場でクリエイティブであることは、あなたにとってどの程度重要ですか？

その結果、職場がクリエイティビティを支援していると社員が感じることができるほど、仕事の満足度が高く、ストレスは低いことが明らかになりました。

職場の上司や同僚と良い人間関係を築き、自分のやっている仕事に対して、自分がある程度決定権を有していると、職場がクリエイティビティを支援してくれていると社員が感じることができるようになり、それが仕事の満足度を高め、仕事のストレスを減らすことにつながるようです。この研究から、職場でのクリエイティビティの支援の重要性が明らかになりましたが、特に、社員がそれを実感できていることが大事ということですね。

ネガティブシーンを見るとクリエイティビティが下がる

ここまで仕事に没入するために、「フロー」や「内発的モチベーション」、「クリエイティビティを支援する組織風土」が大事であると述べましたが、逆に仕事への没入を阻害し、クリエイティビティを下げる要因について説明します。

その代表例が、職場でネガティブなシーンを目撃することです。その中でも、上司と部下の関係は特に重要です。上司が部下に接する態度は、その部下のみならず、他のチームメンバーのクリエイティビティにも大きく影響することがわかってきました。

アメリカの南カリフォルニア大学マーシャルビジネススクールの研究者らは、74人の大学生を対象に、権威者（職場の上司に相当）が他の実験参加者（部下に相当）に暴言を吐く場面を目撃した参加者と、そのような場面を目撃しなかった参加者のその後の仕事の処理能力とクリエイティビティを測定して比較しました。

仕事の処理能力は「アナグラムパズルの成績」、クリエイティビティは「ブレインストーミングで提案できたアイデアの数」を基準に測定しました。

その結果、暴言を吐く場面を目撃した参加者の仕事の処理能力は、そうでない参加者よりも約17％、クリエイティビティは約20％低下することがわかりました。

なぜ、そのようなシーンを目撃しただけで、こんなに仕事のパフォーマンスが下がってしまうのでしょうか。暴言を目撃した人は、ネガティブな感情に襲われ、それが仕事のパフォーマンスを低下させました。さらに、自分の認知資源を、目撃した状況の評価（いったい、何が起きたのか？）、道徳的判断（果たして、これは正しいことなのか？）、適切な対応（自分は抗議すべきか、あるいは、何かすべきことがあるか？）などに消費してしまうため、仕事の処理能力やクリエイティビティを発揮するために必要な認知資源が不足してしまったことが原因として考えられます。

職場のクリエイティビティを上げるためには、心理的安全性が確保された、良い雰囲気を維持することがとても重要です。チームを引っ張るリーダーの人は、特にそのことを肝に銘じましょう。

クリエイティビティはもっと高められる！

既成概念に囚われやすい人間の脳

クリエイティビティは持って生まれたもので、後からはどうすることもできないと思っている方がいるかもしれません。しかし、それは誤解です。そのような先入観があると、クリエイティビティを発揮できるようにはならないので、ここでしっかりクリエイティビティは鍛えられることを理解してください。

人間の脳には100億から1000億程度のニューロンと呼ばれる神経細胞があるといわれており、このニューロンの働きによって脳内で膨大な情報処理が行われています。そして、ニューロン間の情報伝達は、図のようにニューロンの軸索とニューロンの樹状突起の間に構築される「シナプス」を介して行われます。五感から受けた刺激が電気信号となって、ニューロンの軸索からニューロンの樹状突起へ神経伝達物質が放出されることによって、情報が伝達されます。

「水平思考」で有名な医師で心理学者でもあるエドワード・デボノ博士によると、ニューロンネットワークの2つの離れた場所へ同時に強い（情報の）刺激が加えられると、刺激を受けた2つの場所を起点にして活性化したニューロンの領域が2つできますが、相対的に弱い結合を持つニューロンの領域は次第に沈静化し、強い結合を持つニューロンの領域はより活性化します。

つまり、脳はある情報を受け取ると、強いニューロンネットワークがあるほうのパターンで考える傾向があるため、人間の思考は1つに偏る傾向があるのです。

別の言い方をすると、過去の経験に基づいて強い結合のニューロンの領域があると、新しく与えられた（情報の）刺激も既存の強い結

図15　ニューロンによる情報伝達

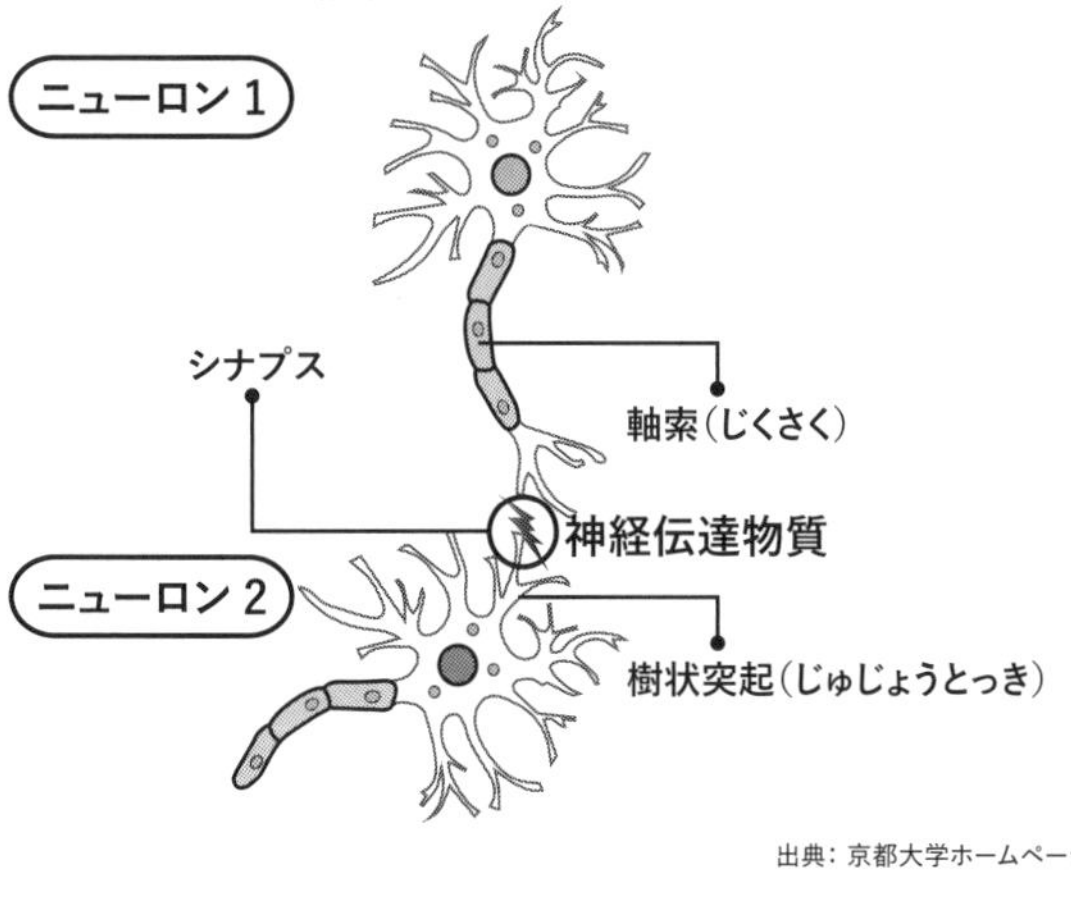

出典：京都大学ホームページをもとに作成

合のパターンを辿ることになります。また、同一でなくても、類似の刺激を受けると、同じパターンの活性化領域をつくり出すことになるのです。

つまり、新しい情報を脳は容易に既存の情報と同じように処理してしまうため、私たちは既成概念に囚われてしまい、新しいアイデアを生み出すのが困難になるのです。このため、特定の分野に対してあまり知識がない人のほうが、かえってクリエイティブなアイデアを生み出せることがあります。なぜなら、知識のない人は脳のニューロンネットワークがまだパターン化されていないので、ゼロベースで考えられるからです。

逆にいうと、意図的に普段はしないような思考ができれば（例えば、これまでまったく興味のなかったことに、あえて興味を持ってみる）、脳内に新たなニューロンネットワークの活性化領域をつくり出すことができ、クリエイティブな発想が可能になるのです。ただし、感情は脳の思考に影響を与えるため、普段はしないような思考を楽しんで行うことがとても大事です。

クリエイティブな人はこうしたことを常に実践していますが、次に述べる4つの行動特性を意識して実践することで、誰でも既存の思考パターンを脱却して、クリエイティブな発想ができるようになります。

クリエイティビティを高めるための4つの行動特性

クリエイティビティは、一部の天才だけのものであるという仮説が根強く信奉されていましたが、クリエイティビティは生まれ持った性質ではなく、鍛えることによって向上させられるという考え方があります。

アメリカの心理学者ロバート・エプスタイン博士は、以下の4つの行動特性（研究者は創造性コンピテンシーと呼んでいます）を実践することで、誰でもクリエイティビティを発揮できるようになることを実証しています。

■4つの行動特性（創造性コンピテンシー）

- 保存：新しいアイデアをすぐに保存（メモ）できるようにする
- 挑戦：難易度の少し高い仕事に取り組み、ストレスや恐怖をコントロールしながら、高い目標に挑戦する
- 拡張：専門分野に限定せず、様々な知識や経験を積む
- 環境：環境を定期的に変えることによって、刺激を求める

当たり前のことと思われたかもしれません。クリエイティビティを鍛えるといっても、そんなに大げさに捉える必要はなく、日常のちょっとした心がけで、この4つの行動特性を自然に実践できます。では、順番に見ていきましょう。

クリエイティビティを高める第一歩は「保存」

クリエイティビティを高める第一歩は、何気ないときに思いついたアイデアや考えをメモすることです。放送作家、作詞家、音楽プロデューサーの秋元康さんは、誰もが知る日本屈指のクリエイティブ・パーソンですが、著書の中で、次のように述べています。

発想や企画のヒントは、日常の中に転がっていて、それを「記憶」するところからはじまる

——出典：秋元康『企画脳』PHP文庫

また、先述のエプスタイン博士は、夜寝るときに、枕元に記録できるもの（メモ帳など）を置いておくことを薦めています。これは、夢の中に出てきたアイデアさえも逃さずに、すぐ保存するためです（夢とクリエイティビティの関係については後述します）。

さらに、第3章でもご紹介した嶋浩一郎さんは、この情報の保存のコツについて、とても面白い表現をされています。

これら情報収集プロセスで最も重要なことは、「情報無差別主義」ともいうべき考え方です。芸能ゴシップも、考古学の発見も、コミケで売られている同人誌で書かれていたことも、すべて等価、情報には一流も三流もない。福沢先生の言葉を借りていえば、「情報は情報の上に情報をつくらず……」といったところでしょうか。

——出典：嶋浩一郎『嶋浩一郎のアイデアのつくり方』日本経済新聞出版社

つまり、日常の中で自分の興味のアンテナに引っかかったことは、序列など気にせず片っ端からメモし、時間があるときにそのメモをパラパラと見返すことで、そのランダムにメモした情報同士から思わぬアイデアが産まれることがある、と述べています。これはとてもユニークな考え方だと思います。

ちなみに秋元康さんは、『企画脳』の中で、「発想や企画は、自分が面白いと思ったことを思い出す、あるいは、「記憶」に引っ掛かっていたことを拾い上げるという行為」と述べる一方で、「だからといって忘れまいとしてメモにはとらないほうがいい。なぜなら『忘却』、つまり『忘れる』というフィルターがかかることによって、不必要なもの、重要性のないものがどんどんこぼれ落ちていく」とも述べています。つまり、メモに取らないと忘れてしまうようなことは、所詮、そこまで重要なアイデアではなかった、ということですね。これについては、人それぞれかもしれません。

クリエイティブなアイデアが生まれる過程については、長年にわたって研究が行われていますが、社会心理学者のグラハム・ワラス博士が提唱した「創造性が生まれる4段階説」が有名です。この説によると、創造性が生まれる4段階とは、下図に示すように、①準備期、②あたため期、③ひらめき期、④検証期となります。

図16　創造性が生まれる4段階

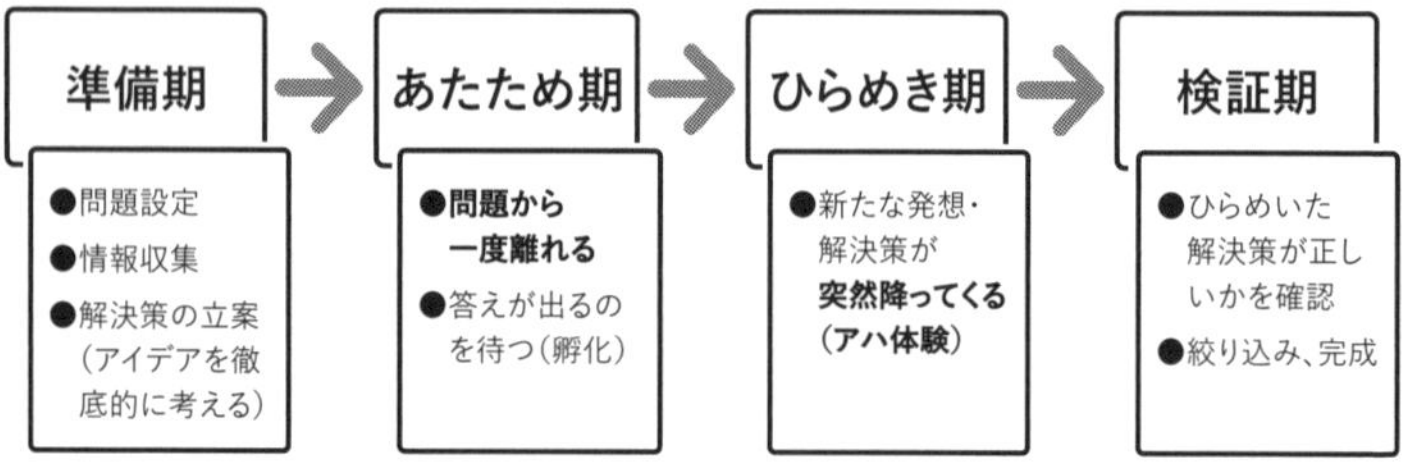

準備期
●問題設定
●情報収集
●解決策の立案（アイデアを徹底的に考える）
あたため期
●問題から一度離れる
●答えが出るのを待つ（孵化）
ひらめき期
●新たな発想・解決策が突然降ってくる（アハ体験）
検証期
●ひらめいた解決策が正しいかを確認
●絞り込み、完成

出典：Wallas, G. (1926)をもとに作成

「準備期」にたくさん考え、いろいろなアイデアを保存しておいた後、煮詰まった頭を一度リフレッシュさせ、問題から意図的に距離をおく「あたため期」を経て、「ひらめき期」を迎えるのです。

このことからも、アイデアを一度保存することはやはり重要といえます。

日常生活で「挑戦」の機会をつくり出す

先述の4つの行動特性の中でも、特に「挑戦」はクリエイティビティの向上に対する効果が高いようです。自分のレベルにあった仕事だけでなく、少しチャレンジングな仕事にあえて取り組むことで、これまで発揮できなかったクリエイティビティを発揮できる可能性が高まるのです。

そうはいっても、そのような仕事が自分の望むタイミングで来るとも限りません。でも、大丈夫です。再び秋元康さんの著書を引用すると、彼は次のように述べています。

仲間と一緒に喫茶店に入る。
メニューを聞きもせずに、コーヒーを注文する人がほとんどだろう。

だが、ちょっと待ってほしい。

喫茶店のメニューも、さまざまである。

なかには、見たことも味わったこともないものが並んでいたりする。たとえば、「黒ザクロジュース」とか、「カシス紅茶」とか「ルアック・コーヒー」とか、変わった名前の飲み物が載っていたりする。

そういうものに興味を持って、一度頼んでみようかという人間は、伸びるタイプだと思う。面白い発想をし、ひねりのある企画を考えだすタイプに違いないと思う。

——出典：秋元康『企画脳』PHP文庫

喫茶店で風変わりなメニューをあえて頼んでみる。こんな日常のちょっとしたことでも、立派な「挑戦」といえるのです。何も仕事での「挑戦」だけがすべてではないのです。日常生活で、ちょっと工夫をすればいくらでも「挑戦」の機会をつくることができ、それがクリエイティビティを高める訓練になるのです。

仕事で「挑戦」し、「フロー」を経験する

日常生活で「挑戦」の機会を見つけて実践することはいくらでも可能であると述べましたが、とはいえ、仕事でも「挑戦」する機会を得て、クリエイティビティを鍛えたいとこ

ろです。

先述の通り、自分のスキルレベルが高い領域で、それよりも少し難易度の高い仕事に挑戦することが大事で、その結果、「フロー」を経験することができ、クリエイティビティも鍛えられますので、そのことを示す研究を1つご紹介します。

アメリカのデラウェア大学心理学部の研究者らは、「フロー」の状態が仕事のパフォーマンスに与える影響を、アメリカの大手家電量販店のセールススタッフを対象に調査しました。セールススタッフの中でも、パソコンなどのハイテク商品を担当しているスタッフは、豊富で最新の販売知識（スキル）が求められます。一方で、レジ係などはそれほど高いスキルは必要とされません。そこで、この2つの職種を担当する計365人のスタッフを調査しました。

その結果、研究者らの仮説通り、スキルが高い状態で、難易度の高いタスクに挑戦する機会が豊富なハイテク商品担当のスタッフのほうがレジ係のスタッフよりも、ポジティブな気分で、仕事への興味が高く、自分の役割外の仕事も工夫してこなし、パフォーマンスが高いことがわかりました。ただし、これはスタッフの達成意欲（つまり、モチベーション）が高い場合に限られることもわかりました。

このように仕事の中で難易度のやや高いタスクに「挑戦」することで、「フロー」を経験することができ、それがクリエイティビティを鍛えることにもつながり、達成意欲と十分なスキルが備わっていれば高いパフォーマンスも期待できます。

ちなみに、秋元康さんは「予定調和」というものを嫌うことで有名です。つまり、決まり切ったことをやるのではなく、人が考えつかないことに常に「挑戦」し続けてきたのですね。

日常を「拡張」して、未知の体験を積む

次に、クリエイティビティを高めるための4つの行動特性の3つ目の「拡張」について説明したいと思います。これは、専門分野に限定せず、様々な知識や経験を積むことがクリエイティビティを鍛えるために必要であるということですが、これに関連する興味深い研究をご紹介します。

オランダのナイメーヘン・ラドバウド大学の研究者らは、61人の大学生を対象に、非日

常的で予期せぬ体験をするとクリエイティビティが高まるかを、VR（バーチャル・リアリティ）のヘッドセットを使って調査しました。

実験では、床に置かれたスーツケースに向かって歩いて近づくと、そのスーツケースのサイズが小さくなり、遠ざかるとサイズが大きくなるという非日常的な（現実にはありえない）現象の映像コンテンツが使用されました。

そして、実験の参加者は、次の3グループのいずれかに割り当てられました。

・1番目のグループ：VR内で、非日常的現象を（疑似的に）体験するグループ
・2番目のグループ：VR内で、日常的現象を（疑似的に）体験するグループ
・3番目のグループ：ビデオで、非日常的現象を視聴するグループ

そして映像の視聴後、参加者は全員、クリエイティビティを測定するテスト（ある日用品の別の使い道を思いつく限り挙げていくという定番のテスト）を受けました。

その結果、1番目のグループ（VR内で、非日常的現象を擬似体験したグループ）は他の2グ

ループよりも、有意にクリエイティビティのスコアが高かったのです。ちなみに、2番目と3番目のグループには有意な差がありませんでした。つまり、非日常的体験を単に見るだけではなく、疑似的であっても自ら体験することが、クリエイティビティを刺激する可能性があることが示唆されました。

では、手軽に実践できる非日常的体験として、どのようなことが考えられるでしょうか。先述の「挑戦」と似通ってきますが、例を示しましょう。

・本屋に入って、今までまったく興味を持ったことがないジャンルのコーナーに行き、1冊本を買って読んでみる（これは秋元康さんもおすすめの方法です）
・今まで食べたことのない国の料理が出てくるお店に行って、料理を食べてみる
・まったく興味のなかったジャンルの音楽のプレイリストを30分間聴いてみる

このように身近なところでも様々な、ちょっとした非日常体験を自分でつくり出すことができます。人は慣れ親しんだものを離れ、未知のものに触れたり体験したりすることに対して、億劫になりがちです。これは人間の脳の性質上やむを得ません。しかし、それをあえて打ち破ることで、クリエイティビティの鍛錬になると思えば、少しやってみようと

いう気が起きるのではないでしょうか。

そして、実際にやってみると必ず発見があり、それが思いもよらぬアイデアをもたらすこともあります。クリエイティブな人は好奇心旺盛で、慣れ親しんだものから離れることを躊躇しない傾向があります。

アメリカの国立衛生研究所の研究によると、「ビッグファイブ」と呼ばれる人間の5つの性格タイプ（開放性、誠実性、外向性、協調性、神経症傾向）のうち、拡散的思考に代表されるクリエイティビティの高さに最も関連しているのは、（経験に対する）開放性であることが明らかになっています。開放的な性格の人は、クリエイティビティを発揮するのが比較的得意であるようですが、たとえそのような性格でなくても、上述のように、非日常的体験に対して開放的な心を持っていれば、クリエイティビティを高められるのです。

ワーケーションで非日常を体験する

在宅ワークがすっかり浸透し、働き方が大きく変わりましたが、その中で注目されているのが、「ワーケーション」です。観光庁のホームページによると、「ワーケーション」とは、「Work（仕事）とVacation（休暇）を組み合わせた造語。テレワークなどを活用し、普段の職場や自宅とは異なる場所で仕事をしつつ、自分の時間も過ごすことです。余暇主体と仕事主体の2つのパターンがあります」と定義されています。

「ワーケーション」によって、普段はなかなか行けないような遠い場所で休暇を組み合わせながら仕事ができたり、いつもと違う非日常の環境で仕事をすることで、クリエイティビティが高まったり、自然に触れる機会が増えることでストレスを緩和できたりといった複数のメリットが期待されています。

私の会社では、観光庁が実施した、日本全国40地域を対象に日本の大企業40社の社員600名にワーケーションを体験させるという一大プロジェクトにご協力させていただき、ワーケーション期間中の社員の方々の「集中度」や「ストレス度」を、リストバンド型センサを使って常時測定していました。その結果、とても興味深いことがわかったのでご紹介します。

クリエイティブな仕事はワーケーション初日にする

ワーケーション中に全参加者にリストバンド型センサを常時装着してもらい、心拍変動の値から当社の独自開発ロジックで「集中度」を測定しました（「集中度」を生体情報から可視化する技術は、私の会社が誇る強みです）。

その結果、下のグラフに示すように、ワーケーション初日は集中度が通常日（オフィスで普通に働いている時）よりも大きく低下することがわかりました。しかし、環境に慣れてくる2日目以降は、通常日よりも集中度が高まり、環境を変えたことによる良い効果が現れてきたのです。

このデータから、「ワーケーション」初日は集中度が低下するという状況を逆に利用して、新しいアイデアの発想や企画をまとめるなど、クリエイティビティが求められる仕事をするのが効果的です。なぜなら、クリエイティビティを発揮するためには、1つのことに集中する思考パターンではなく、やや漫然と拡散

図17　ワーケーション時の集中度

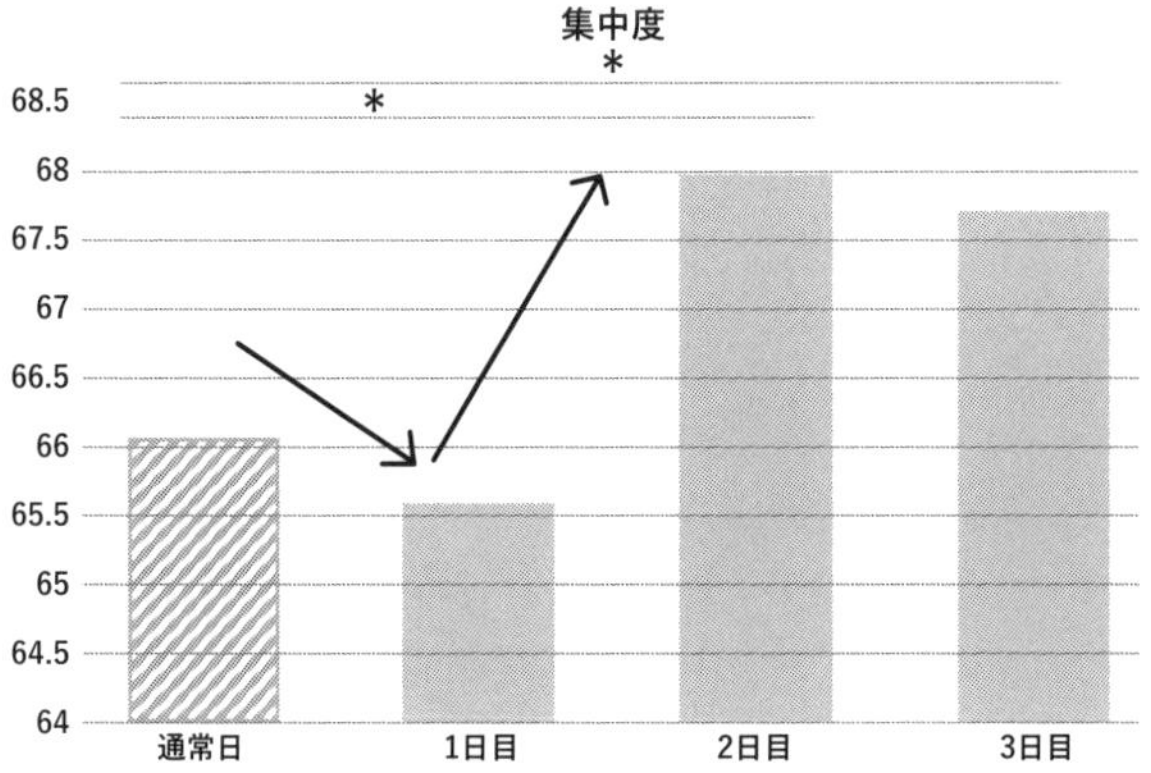

*有意差検定（**: p<0.01、*: p<0.05、†: p<0.1）

出典：WINフロンティア株式会社HP

的に思考することが大事で、集中していないほうがアイデアの発想に役立つ場合があるからです。

また、先述の4つの行動特性の1つである「拡張」の観点からすると、「ワーケーション」の初日は環境が大きく変わり、特に非日常的体験を実感しやすいときですので、クリエイティビティを鍛える上でも有効ですし、新しい環境は刺激を生み、それが拡散的思考を後押ししてくれるので、クリエイティビティを発揮するのに最適な日といえます。

そして、環境に慣れてくれば高い集中力を持って仕事をこなすことができるので、2日目以降は集中力を要する仕事も入れていきましょう。

このようにワーケーションは新しい働き方の1つのオプションとして、試してみる価値は大いにあると思います。

「慣れ」を回避して生産性を高める

クリエイティビティを高めるために鍛えるべき4つの行動特性の最後の1つである「環境」とは、環境を定期的に変えることによって刺激を求めることですが、人は同じ環境で作業をしていると「慣れ」が生じ、生産性が下がってしまいます。そのため、クリエイティブな人は、仕事の内容に応じて、新たな変化を加えることを常に意識しています。そして、それが実際に有効であることを示す研究をご紹介します。

イリノイ大学アーバナ・シャンペーン校の研究者らは、同じ作業の合間に別の作業を挟むことで、生産性にどのような影響があるかを調べるために実験を行いました。

この実験では、参加者は、パソコン画面に次々に表示される「縦の棒」に交じって、たまに出現する「短い棒」を発見したらボタンを押すという、とても単純な作業を40分間繰り返すように指示されました。

参加者は2つのグループに分けられ、1つのグループは、単純作業の合間に、ある特定の数字を思い出すという別の課題を一瞬だけ課されました。一方、もう1つのグループは、別の課題は課されず、単純作業をひたすら繰り返しました。

分析の結果、同じ単純作業をひたすら繰り返したグループよりも、別の課題を一瞬だけ課されたグループのほうが、後半になっても作業のパフォーマンスが落ちないことが明らかになりました。一方、同じ単純作業をひたすら繰り返したグループは、パフォーマンスが10％以上も低下してしまったのです。

ずっと同じ作業に取り組んでいると、ゴールに対しての慣れ（Goal Habituation）が生じ、ゴールへの意識が低下します。ところが、合間に別の課題を行うことで、元のゴールへの意識が一瞬だけ不活性化します。そして、元の作業に戻ったときに再びゴールへの意識が活性化するため、新たな気持ちで作業に取り組むことができ、パフォーマンスを維持できると考えられます。

これは第2章で述べた「マルチタスクを避ける」ことと矛盾するように思われるかもしれませんが、ここで述べている方法は、別のタスクを間に挟むのではなく、あくまで一瞬だけゴールへの意識を不活性化させ、その後に元に戻すということです。

クリエイティブな思考を要する仕事をするときに、問題から一度離れてみる「あたため期」を設けることが重要だと第3章で述べましたが、これもある意味、ゴールへの「慣れ」を回避し、再びゴールへの意識を活性化させることにつながります。

このように、ゴールへの「慣れ」を回避するために、目標に対する意識を一瞬そらすことが有効であることがわかりましたが、4つの行動特性の1つである「環境」をガラッと変えることも有効です。しかし、仕事内容に応じて、都度、環境を大きく変えることは大変かもしれませんので、次に手軽に実施できる環境変化の方法をご紹介します。

「駅ナカオフィス」で集中力を高める

「駅ナカオフィス」をご存じでしょうか？

ＪＲ東日本が提供する「駅ナカオフィス」（STATION WORKS）のことで、写真のような電話ボックス型の作業スペースです。15分単位で予約できるので、ワンポイントで集中的に作業したいときなどに便利です。私の会社では、この「駅ナカオフィス」で作業を行ったときの集中度をウェアラブルセンサで測定する実験を行いました。その結果を次にご紹介します。

実験では、７名の参加者に、「駅ナカオフィス」と「カフェ」で、それぞれ計算作業

図18　JR東日本の運営する駅ナカオフィス

撮影：WINフロンティア株式会社

（作業能率を測定する「クレペリンテスト」）をパソコン上で15分ほど実施してもらい、その間の集中力を、ウェアラブルセンサで取得した心拍変動などのデータから算定しました。ここでは測定の詳細は省略しますが、センサデバイスと当社の解析アルゴリズムを使用しています。

　結果を見てみると、グラフのように、「駅ナカオフィス」での作業は「カフェ」よりも、心拍変動などの指標からみた集中度が高く、自分の内面に意識が向いていて、気が散っていない状態であることがわかりました。つまり、目の前の作業にかなり没頭できていたということです。また、作業効率に関しても、量（回答数）および質（正答数）ともに、「駅ナカオフィス」が「カフェ」を上回りました（被験者が少なく統計的な優位差はないものの、平均

図19　駅ナカオフィスとカフェの比較

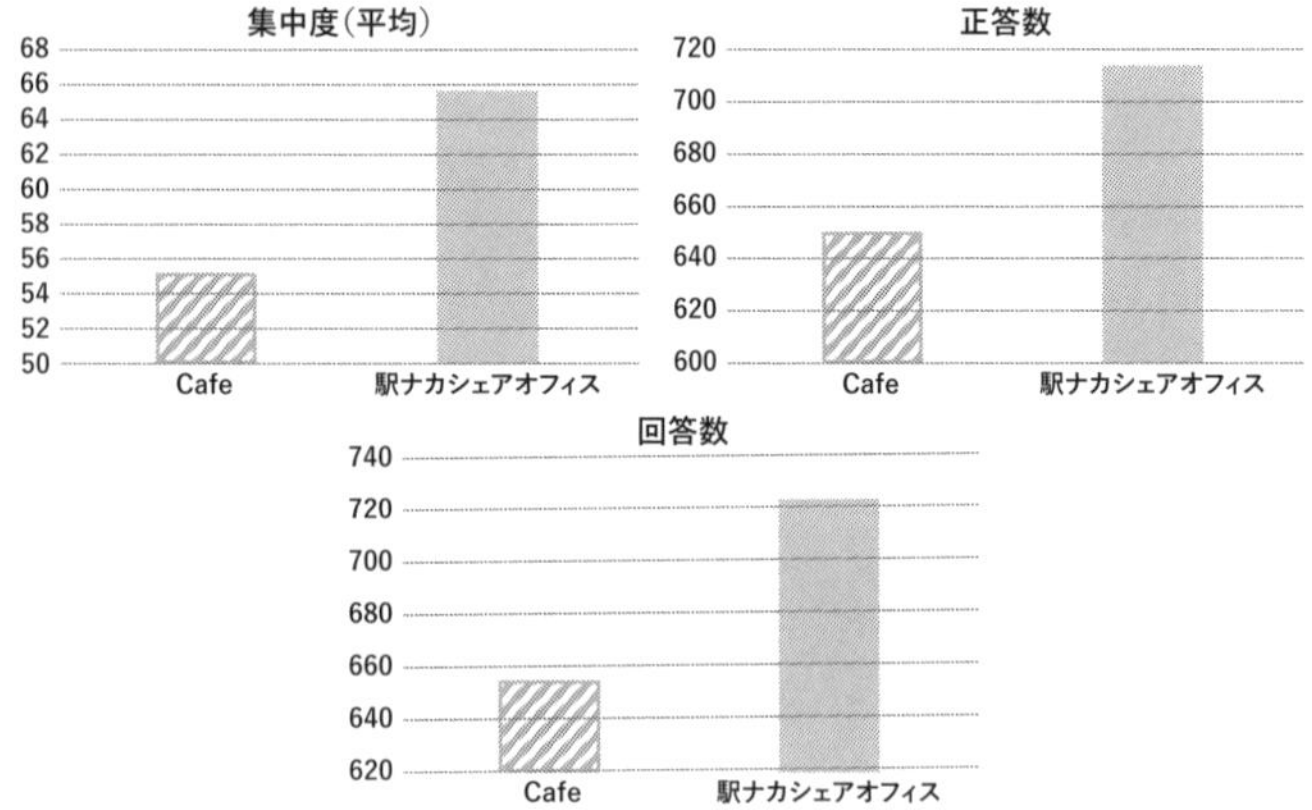

出典：WINフロンティア株式会社

に差が見られました)。

「駅ナカオフィス」は、カプセル状の扉で密閉できる完全個室状態で、パソコンとノートが置ける程度のテーブルがあるだけという限定空間(足元に温風暖房器具あり)ですが、参加者の感想を聞くと、「思った以上に作業に没頭できた」とのことでした。やはり空間は大事ですね。

仕事には、主に「集中力」を要するものと「クリエイティビティ」を要するものがありますが、この「駅ナカオフィス」のような閉じた空間は、「集中力」を要する仕事の生産性を高めたいときにはとても有効だと考えられます。また、15分単位の課金となっているため、時間を有限の資源と捉える意識が高まるので、それも集中力を高める上ではプラスになるでしょう。

クリエイティブな人も常にクリエイティブなことを考えているわけにもいきません。ときには、収束的思考をフル活用し、集中力高くタスクをこなすことも必要です。そして、このように集中力を要するタスクを合間に挟んで環境を変えることで再びクリエイティブな思考が可能になりますので、この「駅ナカオフィス」のような環境をうまく活用してみましょう。それは4つの行動特性の「環境」という観点から、クリエイティビティを鍛えることにもつながります。

カフェでの仕事はクリエイティビティを高める

駅構内に設置されている電話ボックス型の作業スペース「駅ナカオフィス」と、一般のカフェを対象に、どちらが作業時の集中力が高まるか、ウェアラブルセンサで測定した実験をご紹介しましたが、その結果、「駅ナカオフィス」のほうがカフェよりも集中力が高まる結果になりました。

集中力という点ではマイナスの結果になったカフェですが、仕事は何も集中力を要するものばかりではありません。集中力を要するのは、1つの正解を見つけるようなタスクである場合が多く、このときに必要なのは収束的思考です。一方、頭を柔らかくして発想を広げ、アイデアをたくさん出すようなときに必要なのは拡散的思考です。

そこで、拡散思考を要するタスクを処理するときは、カフェが向いているのではないかという仮説のもと、私の会社では簡単な実験を行いました。

結果はグラフのようになりました。

このグラフの数値はＬＬＥ（最大リアプノフ指数：Largest Lyapunov Exponent）という指標で、簡単にいうと、「ココロの柔軟性」を表します。この指標は、関西学院大学名誉教授の雄山真弓先生（故人）が生涯を賭して開発された指標を私の会社が実用化したものです。

「ココロの柔軟性」が高いと外部環境に対して気持ちがオープンな状態であり、低いと外部環境に対して気持ちがクローズドな状態であることがわかります。集中しているときは、「駅ナカオフィス」のデータのようにこの指標が低くなるのですが、カフェでは比較的高い値をキープしています。

本来のクリエイティビティを取り戻す

第3章でご紹介したアドビシステムズのグローバル調査によると、人間が本来持ってい

図20　脳波センサで測定した最大リアプノフ指数（LLE）の比較

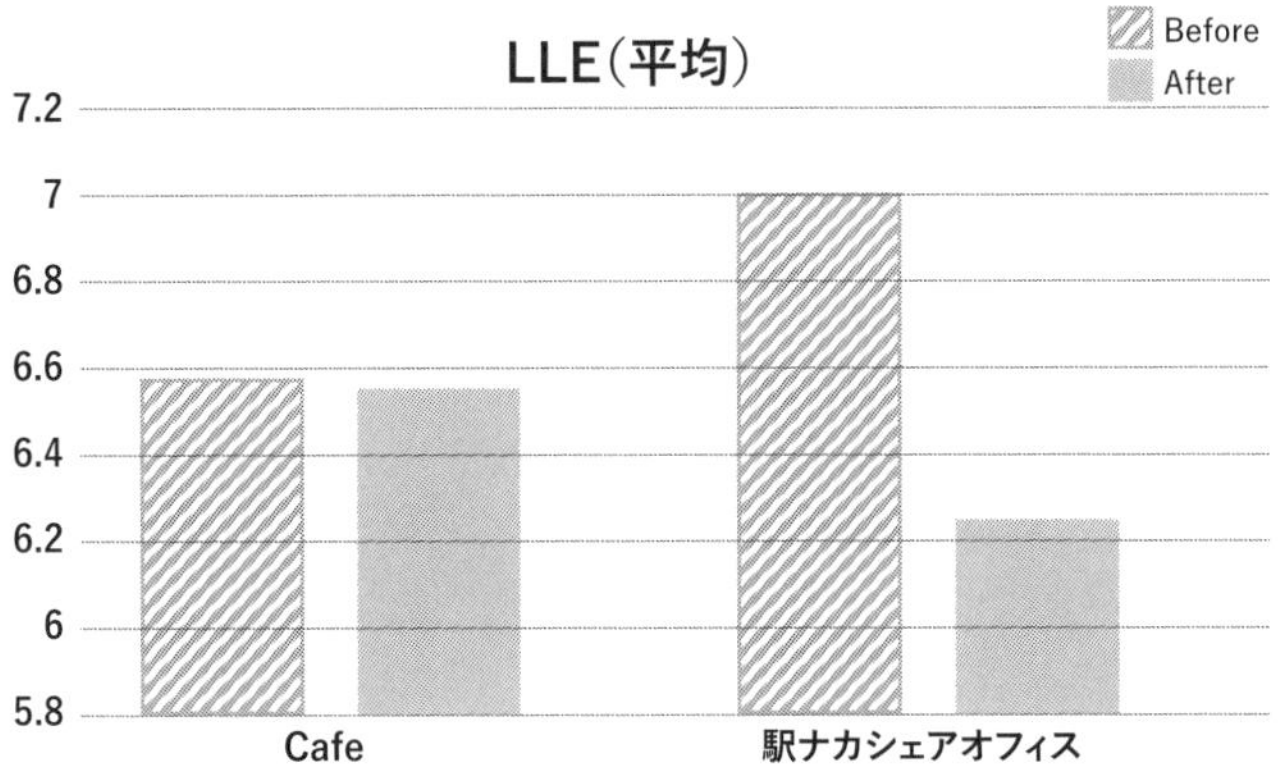

出典：WINフロンティア株式会社

るクリエイティビティを開花させることが経済成長のカギであると考える人は80％にのぼるにもかかわらず、そのクリエイティビティを発揮できていると感じる人は、たった25％しかいないようです。

本書の主張は、メンタル・リソースを充実させ、リトルCを実践することが仕事のやりがいにつながるというものですが、このリトルCを十分に発揮できている人は全体の4分の1しかいないわけです。これはあまりにもったいない事態です。本章で紹介した4つの行動特性（保存、挑戦、拡張、環境）を実践してクリエイティビティを鍛えれば、誰もが日常生活や仕事でもっとクリエイティビティを発揮できるようになるはずです。

第3章でご紹介したIDEO創設者のデヴィッド・ケリー氏とトム・ケリー氏は著書の中でこう述べています。

私たちは、ちょっとした練習や励ましだけで、人々の想像力、好奇心、勇気がいとも簡単に目覚めることに驚いた。創造性のフタを外すのは、ずっとブレーキを踏んだまま車を運転してみるようなものだ。そして、ブレーキを離して自由に運転できるようになったらどんな気分になるのかを、人々は突然体験する。（中略）私たちの経験からいえば、誰もがクリエイティブ系だ。（中略）自分自身、思っていたよりもずっとクリエイティブだったことに気づき、

びっくりする。

——デイヴィッド・ケリー、トム・ケリー著『クリエイティブ・マインドセット』日経ＢＰ

ただし、アイデアを思いつくだけでは不十分で、実行に移す勇気を持たなければなりません。実行することで初めて、クリエイティビティの真価が発揮されるとも述べています。4つの行動特性を実践してクリエイティビティを鍛え、小さなアイデアでも実行に移すことを繰り返すうちに、クリエイティブな自分に出会うことができるのです。

起業家とクリエイティビティ

起業家を取り巻く不確実な環境

この章の最後のトピックとして、起業家とクリエイティビティの関係について取り上げます。起業家は強いプレッシャーやストレスに晒されながらも、日々クリエイティビティを発揮していかないと生き残れない過酷な状況に置かれる職業なので、起業家を参考にすれば、「なぜ、クリエイティブな人はメンタルが強いのか？」という本書のテーマの核心に迫れるというわけです。

その前にまず、起業家がいかに不確実でストレスフルな状況に置かれているかを改めて説明しておきましょう。

起業家を取り巻く環境は、不確実なことだらけです。インド出身の経営学者サラス・サラスバシー博士は、起業家を取り巻く不確実な環境の特徴をいくつか指摘しています。その1つが、将来生じるビジネスの結果を確率論的に予測することが困難であるという点です（これを「ナイトの不確実性」といいます）。起業家が事業ネタを複数考えたとして、どれが最も成功する確率が高いかを統計的に予測できればよいのですが、そのような予測自体が困難です。したがって、起業家の「野生の勘」や「嗅覚」のようなものが重要になります。

起業家を取り巻く不確実な環境の2つ目の特徴は、目標の曖昧性です。起業の目標が自身の強烈な原体験に基づいていて、一切ブレない場合は、あまり当てはまらないかもしれませんが、多くの起業家（私自身も含め）は、商品やサービスのプロトタイプをつくってみて、潜在顧客の反応を見た結果、ビジネス領域を変更（ピボット）することがしばしばあります。それが続くと、「一体自分は何を達成したかったのか？」と自問自答することになります。このようなときは、起業家は状況に応じて、目標自体を柔軟に見直していく必要があります。これらは起業家に限らず、会社で新規事業を担当する人などにも、共通に当てはまることだと思います。

このように不確実なことだらけの環境に長時間晒されていると、人は間違いなくストレスを感じますので、メンタルをいかにマネジメントするかがとても重要になってきます。

クリエイティビティは警戒される？

先述のように不確実だらけの環境に置かれている起業家ですが、多くの起業家はクリエイティブなアイデアを引っ提げて世の中にイノベーションを起こそうという熱い気持ちを持っています。しかし、現実はそう甘くなく、世の中の人々がクリエイティブティに対して抱いている本音は、起業家にとってはなかなか厳しいものです。それに関連する研究をご紹介します。

アメリカのペンシルベニア大学の研究者らは、140人の大学生を対象に、「クリエイティビティへの偏見」を調べるために、心理学ではよく使われるIAT（Implicit Association Test：潜在連合テスト）を実施しました。

ＩＡＴ（潜在連合テスト）は、人が自分で意識することのできない潜在的態度を測定するためのテスト方法です。具体的には、「Creative（創造的な）」と、その対極の「Practical（実践的な）」という言葉を、「良い概念の言葉」（例：誠実）、あるいは、「悪い概念の言葉」（例：不誠実）とペアでパソコンの画面上に表示し、参加者が分類のために瞬時にボタンを押すときの反応速度の差を測ることで、クリエイティビティに対して、潜在的に良いイメージを持っているのか否かを調べました。

つまり、「Creative」と「良い概念の言葉」の組み合わせのときに、ボタンを押す反応速度が早ければ、クリエイティビティに対して潜在的に良いイメージを持っていることになります。

なお、参加者はＩＡＴ（潜在連合テスト）の実施前に、正解が1つではない問題に取り組むこと（不確実な状況）、あるいは、正解が1つの問題に取り組むこと（確実な状況）について、短いエッセイを書くように指示されました。これによって、参加者はそれぞれ、不確実な状況、あるいは、確実な状況を意識するように操作されたのです（これを「プライミング」といいます）。

その結果、不確実な状況を意識したグループは、クリエイティブなアイデアを無意識に否定する傾向がある（つまり、「Creative」という言葉が「悪い概念の言葉」とペアで画面に表示されたときの反応速度が、「良い概念の言葉」とペアで画面に表示されたときよりも早かった）ことが明らかになりました。

不確実な状況を意識したグループは、質問紙の調査では、クリエイティビティに対して好意的な評価をしていたにもかかわらず、無意識下では否定的な反応を示したのです。人は不確実な状況を意識すると、それを解消したいと思うため、クリエイティブなアイデアに対して否定的になると研究者は考えています。

起業家がビジネスチャンスを見出す領域は多くの場合、まだその技術や市場がどうなるかわからない不確実な領域です。起業家はそこに画期的なアイデアをぶつけ、イノベーションを起こそうとするわけですが、多くの人はそのような不確実な状況下でクリエイティブなアイデアを本音では良く思わないということですね（例えば、ＡＩに対して、多くの人が利点よりも脅威を感じてしまうのは典型例かもしれません）。

そうなると起業家はビジネスの種を大きくすることにとても苦労することになります。

これでは益々、起業家のストレスは高まるばかりです。しかし、こうしたストレスに満ちた状況の中でも、成功するクリエイティブな起業家は、クリエイティビティを喪失しないために、次に述べる3つのことを大事にして、困難な状況を乗り越えています。

クリエイティブな起業家の心得① 判断を急がない

ハーバード大学の心理学者ブライアン・R・リトル博士の著書『自分の価値を最大にするハーバードの心理学講義』では、専門家のクリエイティビティについて、カリフォルニア大学バークレー校のパーソナリティ・アセスメント・アンド・リサーチ研究所（IPAR）の有名な研究が紹介されています。

この研究によると、クリエイティブな職業の人の内面の特徴の1つとして、情報の解釈に際して、判断を急がず、状況を見て、その意味や意義を自由に解釈する傾向が強く見られました。つまり、結論を急がず、時間をかけて本質的な意味を考えるため、混沌とした状況も苦にならないのです。この研究の対象は建築家でしたが、これはクリエイティブな起業家にも大いに当てはまります。

起業家は日々ビジネス判断を下す必要性に迫られるため、本来、この「判断を急がない」というのは、あまりなじまない状況です。しかし、自分のビジネスの根源的価値、あるいは、他社が真似できない核となる能力（コアコンピタンス）など、本当に重要な事項については、「判断を急がない」ことが価値を生むと考えられます。

なぜなら、こうした事項について決断をするときには、多面的な思考が必要で、その過程でクリエイティビティが求められますが、「判断を急がない」という姿勢は、様々な情報ソースを組み合わせてじっくり検討することにつながるため、クリエイティビティを高めてくれるからです。そして、そのような過程を経て下したビジネス判断は、本質的な価値を捉えたものになる可能性が高いのです。

また、「判断を急がない」という姿勢は、現実をありのままに受け入れることに通じます。これは、心に浮かんだ感情を判断や評価をせずに、つまり、否定も肯定もせず、ただ受け入れる「自己受容」というマインドフルネスの考え方にも通じるものです。

カリフォルニア大学ロサンゼルス校心理学部の研究によると、ネガティブな出来事から生じる感情について、否定も肯定もせず、ただ受け入れる（自己受容する）と、心拍数の反応（増加）が少なく、心拍数の回復（減少）が早いことが明らかになっています。つまり、「自己受容」はストレスを軽減し、心身への悪影響を抑える可能性があるのです。

常にストレスに晒される起業家は、ありのままを受け入れる「自己受容」の習慣を身に付けることで、日々のビジネス判断を離れ、「判断を急がない」状態をつくることができ、クリエイティビティの向上とストレスの軽減という一石二鳥を達成できるのです。この「自己受容」の訓練に最適なのは、第1章でご紹介したマインドフルネス瞑想の中でも、今この瞬間に次々に生じている感覚や感情や思考などに対して、ありのままに気づく洞察瞑想です。

クリエイティブな起業家の心得② ワーキングメモリを鍛える

クリエイティブな起業家と精神疾患者は、身の回りで生じる不必要な情報を排除するための「フィルタリング能力」が低いという共通点があります。これは、普通なら排除してしまいそうな些細な情報やアイデアを保持しておくことができるというメリットにもつながる一方で、心が彷徨ってしまうマインドワンダリングの状態になりやすいとも言えます。マインドワンダリングはメンタル不調にもつながりますので、注意が必要ですが、クリエイティブな起業家と精神疾患者は、このマインドワンダリングの傾向が強いと言えます。

しかし、クリエイティブな起業家は、フィルターをくぐり抜けて入ってくる情報の洪水に圧倒されることなく、ワーキングメモリ（作業記憶）をフルに働かせることで、複雑な状況や大量の情報に適応することができます。

ちなみに、ワーキングメモリ（作業記憶）とは、情報を一時的に保持しながら、新しい情報を処理したり、別の行動を実施したりする脳の活動のことを指します。例えば、何かのウェブサービスにログインする際に、メールで送られてきた認証コードを覚えて、入力する場面などに使われるのがワーキングメモリ（作業記憶）です。

クリエイティブな起業家は、マルチタスクを同時並行的にこなさなければならない状況に日々直面しています（本来、マルチタスクは良くないことは第2章で述べた通りです）。そのため、タスクの切り替えが頻繁に起こるので、このワーキングメモリ（作業記憶）が自然に鍛えられます。それによって、タスク切り替えによる無駄を極力排除して、クリエイティブに考える時間を確保しています。

ところで、このワーキングメモリ（作業記憶）はトレーニングで鍛えることができます。

そして、ワーキングメモリ（作業記憶）が向上すると、感情コントロールがうまくなることが様々な研究で明らかになっており、さらに、不安の低減にも役立つようです。それを示唆する研究を1つご紹介します。

オーストラリアのマッコーリー大学心理学部の研究者らは、日頃からやや不安な感情を抱いている100人の成人を対象に、ワーキングメモリ（作業記憶）を向上させるトレーニングの実験を行いました。

トレーニングの内容は、モニターに連続で表示される人の顔（怒り、泣き、叫びなど、様々な表情）や文字（お金、嫌悪、悪魔など、感情を喚起させる単語）に対して、前に表示された顔や文字と同じものが提示されたかどうかを瞬時に判断するというものです。これは、表示される表情や言葉を見て生じる感情に惑わされずに、冷静に判断することができるかどうかがポイントです。

結果は、トレーニングを20日間（1回20分）受けたグループは、ワーキングメモリ（作業記憶）を測定するスコアが向上し、さらに、感情制御のスコアも約8％向上するとともに、不安が約15％低減していることがわかりました。

私たちは感情を制御する際、例えば、湧いてきたネガティブな感情を調整しながら、ポジティブな感情への変化をモニタリングする必要があるのですが、このとき、脳内で行われる処理が、相反する2つの感情の情報を保持し、モニタリングしながら目標を達成するという処理で、これがワーキングメモリ（作業記憶）によって実施される処理と共通しているので、ワーキングメモリ（作業記憶）を鍛えると、感情制御能力も向上すると考えられています。日常生活でできるトレーニングとしては、パズルや脳トレ的なクイズが良いかもしれません。

そして、ワーキングメモリ（作業記憶）が向上することで、情報の洪水に流されることなく、些細な情報やアイデアを保持しておくことができるようになり、クリエイティビティを存分に発揮できる可能性が高まります。そのため、クリエイティブな起業家はこのワーキングメモリ（作業記憶）を鍛えることを意識的に行っているケースが多いのです。

クリエイティブな起業家の心得③　良質な睡眠をとる

ベンチャー企業は足りないものだらけです。経営資源といわれる、人、もの、金、情報、どれをとっても、ベンチャー企業に十分なものはありません。その中で会社を存続させ、成長させていくには、「足りないものをどうやって補うか」という視点が欠かせません。
第3章でご紹介した、イリノイ大学アーバナ・シャンペーン校の研究によって、人は「不足」を思い浮かべると、固定観念に囚われなくなり、クリエイティビティが高まることが示唆されていますが、起業家のクリエイティブ・マインドはまさにこの「不足」によって育まれるといっても良いのではないでしょうか。

例えば、私の会社がヘルスケアのアプリを開発したときの話ですが、開発人員も資金も充分ではありませんでした。そのため、必要最低限の機能に絞り、さらに、その機能が実際に有用かどうかをリアルに想像するために、画像や動画を使って、アプリの「プロトタイプ」を安価に、迅速につくることで、開発の無駄をなくすといった工夫を積み重ねましたが、この過程はまさにクリエイティビティの連発です。ここでクリエイティビティを発揮できないスタートアップは生き残れません。

とはいえ、起業家も人間ですから、常に追い詰められた状況でクリエイティビティを連発するには限界があります。そこで鍵を握るのが、「睡眠」です。次にそれを明らかにした研究を1つご紹介します。

「睡眠効率」という言葉をご存じでしょうか。これは、ベッドにいた時間に対して実際に眠っていた時間の割合、つまり、「実際の睡眠時間÷ベッドにいた時間×１００」（％）となります。今は、スマートウォッチやスマホアプリで簡単に算出できます。

この「睡眠効率」が、起業家の翌日のクリエイティビティに大いに影響することが、ドイツのドレスデン工科大学経営経済学科の研究で明らかになっています。

この研究では、26歳から62歳までの62人の起業家（平均41歳）を対象に、12日間にわたって日記および電話インタビュー調査を行い、起業家の日々のクリエイティビティと「睡眠効率」との関連を調べました。「睡眠効率」はリストバンド型センサ（睡眠アクチグラフ）で測定しました。

なお、日々のクリエイティビティは、起業家への電話インタビューで、「今日はどんな創意工夫をしましたか？」と質問し、それに対する起業家の回答を精査することで指標化しました。

その結果、前日の「睡眠効率」は、起業家のその日のクリエイティビティに統計的に有意にプラスの影響を与えることがわかりました。特に大事なポイントは、起業家のクリエイティビティは持って生まれた才能ではなく日々変動するもので、それは睡眠の影響を大きく受けるということです。

クリエイティブな起業家は睡眠の質を特に重視します。もちろん、寝食を忘れて取り組まないといけない場面はありますが、それはあくまで一時的なことで、基本的には良質の睡眠を確保し、翌日にクリエイティブな状態を保てるように細心の注意を払います。

以上が、成功するクリエイティブな起業家が、クリエイティビティを喪失しないために、大事にしている3つのポイントでしたが、睡眠とクリエイティビティの関係について、最後にもう少し説明をしたいと思います。

睡眠の質を上げるためにできること

睡眠の質を上げる方法については、膨大な情報が世の中にあると思いますので、ここでは、エビデンスを重視しつつも、私が経験上、特に重要だと思うことに絞って書きたいと思います。

私は、大学院の医学研究科で生理心理学を学び、自律神経について研究していましたので、その自律神経の観点から述べると、就寝前の時間は、副交感神経を高め、リラックスすることが、その後の睡眠の質を高める上で、とても重要になります。

そのため、就寝前にやらないほうが良い行動と、やったほうが良い行動があります。

やらないほうが良い行動の代表例が、カフェインの摂取です。カフェインには覚醒作用があり、その覚醒作用は、カフェインを摂取してから約30～40分後にあらわれ、4～5時間持続するので、就寝前の4時間以内に、カフェインを含む代表的な飲料であるコーヒーや紅茶、日本茶の摂取は避けるのが望ましいです。

次に、やったほうが良い行動の代表例が、ぬるめの温度での入浴です。就寝の1時間前ぐらいに、ぬるめのお風呂（38～40℃）に15～20分程度浸かるのが理想です。就寝の頃には、皮膚から放熱し、体の深部体温が下がるため、気持ちよく眠ることができます。一方、熱めのお風呂は交感神経活動を高めて入眠の妨げになる場合があるため、避けたほうが良いでしょう。

最後に、就寝前に音楽を聞いたり、軽く読書をしたりするのは、おすすめです。ただし、タブレットやスマホでの読書は、端末が発するブルーライトによって、睡眠を促すホルモンであるメラトニンの分泌が抑制され、眠れなくなってしまいますので、避けましょう。就寝前に読書をするときは、紙の本にしましょう。

とはいえ、このような行動を取ったとしても、ジェットコースターに乗っているような日々を過ごす起業家にとっては、心配事が尽きず、眠れない夜を過ごすことも珍しくありません。

そういうときに私がやっていたのは、「とことん最悪の状況」を想像し、「それでもなんとかなるパターン」を頭の中でシミュレーションすること（あるいは、iPhoneのメモ帳にメモすること）、あるいは、「今、直面しているこの最悪の状況は、もうこれ以上悪くなりようがないので、明日は少しマシになっているはず」と考えることでした。

レム睡眠がクリエイティビティを高める

私たちの脳活動は睡眠中にも様々に変化します。具体的には、私たちの睡眠は、レム睡眠（REM sleep）とノンレム睡眠（non-REM sleep）という質的に異なる2つの睡眠状態で構成されています。

レム睡眠は、眠っているときに眼球が素早く動く（Rapid Eye Movement）ことから名付けられましたが、これは脳の神経細胞が活性化され、夢を見やすい睡眠段階であることがわかっており、クリエイティビティにとって重要な役割を果たしていますので、後ほど説明します。

一方、ノンレム睡眠は、脳波活動が低下し、心拍数と体温も下がり、体が細胞レベルで修復される深い眠りの段階で、睡眠の深さに従ってさらに4つの睡眠段階（段階1〜4）に分けられます。

一晩の睡眠は、入眠後すみやかに深いノンレム睡眠（段階4）までまず進み、その後、レム睡眠が出現します。このノンレム睡眠とレム睡眠のサイクルは、約90分の周期で繰り返され、朝方になるに従ってレム睡眠の持続時間が長くなり、一晩のレム睡眠の割合は全体の20〜25％を占めることがわかっています。

そして、このレム睡眠とクリエイティビティの関係を調査した興味深い研究を1つご紹介します。

カリフォルニア大学サンディエゴ校心理学部の研究者らは、77人の参加者を以下のように3つのグループに分け、1番目と2番目のグループには、90分程度のパワーナップ（昼寝）を実施してもらい、残りの3番目のグループには、その間、リラックス音楽を聴いてもらいました。そして、全員の前後のクリエイティビティを測定しました。クリエイティビティの測定方法としては、3つの英単語に共通する1つの英単語を回答するという遠隔連想テストを実施しました。

- 1番目のグループ：昼寝あり（深いノンレム睡眠のみ）
- 2番目のグループ：昼寝あり（深いノンレム睡眠＋浅いレム睡眠）
- 3番目のグループ：昼寝なし（リラックス音楽を聴くのみ）

ちなみに、パワーナップ（昼寝）を実施したグループに関しては、睡眠脳波を測定し、深いノンレム睡眠だけのグループと、深いノンレム睡眠＋浅いレム睡眠のグループ（深いノンレム睡眠の後に、浅いレム睡眠が出現したグループ）に分類しました。

実験の結果、レム睡眠を経験したグループ（2番目のグループ）が、最もクリエイティビティのスコアが高まることがわかりました。具体的には、遠隔連想テストのスコアが睡眠前に比べて、40％向上する効果が見られたのです。

これは、レム睡眠中に、脳内で関連性のない情報同士が統合されやすくなり、それが連想力を高め、クリエイティビティの向上につながると考えられます。

この実験では、睡眠をとる前に、クリエイティビティの課題に少し取り組んでいることもポイントで、こうすることによって、レム睡眠中に連想力が高まったと推察されます。

レム睡眠から産まれた画期的なアイデア

本章の最後に、レム睡眠から産まれた画期的なアイデアの事例をご紹介します。

『ＵＳＪのジェットコースターはなぜ後ろ向きに走ったのか？』という本は、大阪のユニバーサル・スタジオ・ジャパンの経営再建を請け負い、見事に成功させたマーケターの森岡毅さんの実務経験に基づいて執筆されました。この本の中で、まさにこれぞレム睡眠の真骨頂という場面が出てきます。

ざっと背景をご紹介すると、森岡さんは来場者数に伸び悩むＵＳＪを立て直すために、ハリー・ポッターのアトラクション（『ウィザーディング・ワールド・オブ・ハリー・ポッター』）に前代未聞の金額（当時のＵＳＪの売り上げの半分を超える４５０億円！）を投資するプランを描きました。

しかし、これを実現するためには、ハリー・ポッターへの投資前の数年間、キャッシュをセーブしつつ、来場者数を伸ばすという離れ技を幾つか成功させなければならない状況に追い込まれていました。

そのとき、キャッシュをなるべく使わず、現行のアトラクションのリノベーションだけでヒットを飛ばす妙案を考えていた森岡さんは、夢の中、つまり、レム睡眠中に画期的なアイデアに遭遇するのです。以下に引用します。

その夜のことです。

疲れた心をベッドに転がして、いつものように何かアイデアはないかと考えながら、私は眠りに落ちていきました。

すると夢を見ました。ものすごく鮮やかなカラーの夢を久しぶりに見たのです。

その夢の中で私は見てしまったのです。

ハリウッド・ドリーム・ザ・ライドが走り抜けたあの昼間の映像が、逆回転再生されているシーンをマジマジと見ていたのです。

そのとき、コースターはいつもの右から左ではなく、左から右に走り抜けていったので

す！

私はガバッと跳ね起きました！

夜中の午前2時34分、寝ている間についにアイデアの神様がやってきたのです！

（中略）

焦りながら頭の中身を整え、明確に意識した瞬間に「これだーっ！」と大声で叫んでいました。急いでベッドの枕元に置いてあるアイデア・ノートに、たった今見た「絵」を詳細に書き取りました。

これがアイデアの神様が降りてきた瞬間です。後ろ向きに走るコースター、「ハリウッド・ドリーム・ザ・ライド～バックドロップ～」というコンセプトが産まれたのです。」

――出典：森岡毅『ＵＳＪのジェットコースターはなぜ後ろ向きに走ったのか？』角川文庫

森岡さんはこのアイデアに出会う前に、パーク内を何日も歩き回り、現場を見ながら必死に新しいアイデアのヒントを探していたそうです。

先述したグラハム・ワラス博士の「創造性が生まれる4段階説」を思い出してください。森岡さんが夢の中でひらめき期を迎えたのは、準備期の努力があったからです。準備期の努力がレム睡眠で開花したのです。

このように、睡眠の中でも夢を見やすいレム睡眠は、クリエイティブなアイデアを生み出す絶好の機会である可能性があります。睡眠は心身の健康を保つ上で、非常に重要であることは言うまでもありませんが、睡眠にはそれ以上のメリットがあるのですね。

クリエイティブな起業家のメンタル

ここまで、クリエイティブな起業家は、不確実なビジネス環境やクリエイティビティが理解されない困難な状況に晒される中で、「判断を急がない」「ワーキングメモリを鍛える」「良質な睡眠をとる」という3つを大事にすることで、クリエイティビティを喪失しないようにメンタルマネジメントを行っていると説明してきました。

クリエイティブな起業家には、自分の代わりはいないので、メンタル不調を来たしてしまったらビジネスに影響が出てしまいます。そのため、メンタルマネジメントへの意識は高いといえます。

一方で、自分のメンタルヘルスばかりを気にしているわけにも当然いきません。ときには相当無理をしてでも勝負に出ないといけませんし、何よりも、毎日、リトルCを連発しなくてはなりません。この自分のメンタルヘルスに対するケアと毎日のリトルCの連発は、一見矛盾するようですが、ここまで本書をお読みいただいた読者の方にはもうおわかりのように、リトルCがメンタルヘルスの防波堤になっているのです。

ですから、クリエイティブな起業家はどんなに忙しくても、リトルCを毎日連発できているうちはメンタルの心配は無用なのです。しかし、リトルCを連発できなくなったときは非常事態であり、クリエイティブな起業家はそれを最も恐れるため、前述の3つのことを特に大事にしているのです。

起業家以外のビジネスパーソンもこの3つを意識することで起業家同様の結果を得られると考えられますので、ぜひ意識してみてください。

第4章まとめ

- リトルCを日々実践することで、仕事のやりがいを高める効果もある。
- 時間感覚を失うほど仕事に没入し、「フロー」を体験することが仕事のやりがいを高めるための鍵である。そのためには、自分のスキルを磨き、少し難易度の高いタスクに挑戦する姿勢が大事である。
- クリエイティビティを鍛えるために、4つの行動特性（保存、挑戦、拡張、環境）を意識して行動することが大事である。例えば、「環境」に関しては、カフェや「駅ナカオフィス」、そしてワーケーションなど、仕事の場所を意識的に変えることや「慣れ」を回避することで、集中力やクリエイティビティを高めることができる。
- 起業家は不確実な環境の下で常にリトルCを実践する必要性に迫られているが、「判断を急がないこと」「ワーキングメモリを鍛えること」「良質な睡眠をとること」を心得ており、これらを実践することで自身のクリエイティビティの質を高めている。

第5章

ウェルビーイングになる

これまで、「ポジティブ感情」と高い「活性度」を維持してメンタル・リソースを充実させることと、それを土台に小さなクリエイティビティ「リトルC」を日々実践し、仕事のやりがいを高めるという、「クリエイティブ・メンタルマネジメント法」の根幹について説明してきました。

「クリエイティブ・メンタルマネジメント法」を実践した先にあるのは、ウェルビーイング（幸福感）が高まる未来です。本書の締め括りとして、最終章ではウェルビーイングになるために大事なことを述べ、「クリエイティブ・メンタルマネジメント法」の説明を完結させます。

日本人は慌ただしい国民？

世界各国を見渡すと、のんびり生活している国もあれば、せかせかと暮らしている国もあります。アメリカのカリフォルニア州立大学の研究者らは、世界31カ国の大都市の生活ペースを比較する実験を行いました。

この実験で、生活ペースの指標としたのは、次の3点です。

・繁華街での人々の歩行スピード
・郵便局で切手1枚を頼んでから、出てくるまでの時間（働く人の作業スピード）
・繁華街の銀行（計15の銀行をランダムに選択）の壁かけ時計の時刻の正確さ

その結果、日本は、①歩行スピードは7位（1位はアイルランド）、②郵便スピードは4位（1位はドイツ）、③銀行の時計の正確さは6位（1位はスイス）で、総合順位は第4位でした。つまり、この研究によると、日本は慌ただしさで世界第4位なのです。

総合第1位はスイスで、トップ10に入った国は、日本以外はすべて西ヨーロッパの国々でした。ちなみに、最下位（第31位）はメキシコです。この実験では、他にも様々な指標を計測しており、例えば、寒い気候や個人主義的な文化のほうが、生活ペースが早いことがわかりました。

一般に、欧米は個人主義的、日本は集団主義的と考えられていますが、日本だけが集団主義的であるにもかかわらず、生活ペースが早い国のトップ10にランクインしているのは、私たち日本人の国民性がやはり珍しいといえるかもしれません。

実は、この慌ただしさはクリエイティビティにとっては敵です。それを示す研究をご紹介します。

タイムプレッシャーとクリエイティビティ

時間のプレッシャーがクリエイティビティに与える影響についての研究です。ハーバード大学ビジネススクールのテレサ・アマビール博士らは、アメリカの7つの企業の従業員

177人を対象にして、日々記録してもらった業務日誌（計9000日分）や質問紙の回答をもとに、分析を行いました。

その結果、時間のプレッシャーが厳しいと、より多くの仕事をこなし、より多くのことを成し遂げようとする原動力にはなるものの、多くの場合において、クリエイティビティを低下させることがわかりました。具体的には、時間のプレッシャーが厳しいと感じる日はそうでない日に比べて、クリエイティビティが45％も低下することが明らかになったのです。

アマビール博士は、この結果をこう表現しています。

クリエイティビティは、銃口にさらされると死んでしまう（When creativity is under the gun, it usually ends up getting killed.）。

しかも、ある日の時間のプレッシャーが大きいと、その日だけでなく、翌日や翌々日のクリエイティビティまでもが低下していたのです。アマビール博士はこれを、「プレッシャーの二日酔い」と呼んでいます。

この研究から、クリエイティブになるためには、十分な時間をとってあれこれと探索的に思考するプロセスが重要だとわかります。

ただし、時間のプレッシャーを厳しく受けている場合でも、取り組んでいる仕事がとても重要で、やりがいや使命感を感じられる場合は、時間のプレッシャーが良いほうに働き、クリエイティビティが高まります。

重要性や意義がわからない状態で、時間のプレッシャーを感じながら次から次へと、まるで「トレッドミル」の上を走っているかのように仕事をこなしているようなときは、高いクリエイティビティは期待できません。

結論として、クリエイティビティを高めたいなら時間にゆとりを持つべきといえるでしょう。

意識して「無意識の時間」をつくる

Spotify（スポティファイ）やペプシコ、ナイキなどの有名企業のビジネス研修やコンサルティングを行ってきたジュリエット・ファント氏は、著書『WHITE SPACE ホワイトスペース― 仕事も人生もうまくいく空白時間術』（東洋経済新報社）の中で、一日の中で考えるための自由な空白時間（ホワイトスペース）を設けることの重要性を訴えています。この言葉はカレンダーの白い未記入のスペースから思いついたといいますが、このホワイトスペースを設けることで、集中力と心の平穏、そして驚くべきクリエイティビティがもたらされると述べています。

これに関連する興味深い研究をご紹介します。

フランスの経営大学院INSEAD（シンガポール校）の研究者らは、「無意識の時間」をつくることでクリエイティビティが高まるかどうか、実験を行いました。

実験では155人の大学生を対象に、クリエイティビティを試す次の課題を課しました。

「ペーパークリップでできることは何ですか。思いつくものをすべて挙げてください」

実験の参加者は2つのグループに分けられ、1つのグループは、上記の課題について、事前に意識的に考える時間（1分、3分、5分のいずれか）を与えられましたが、もう1つのグループは、上記の課題に取り組む前に、無関係の認知タスクを行う時間（1分、3分、5分のいずれか）を与えられ、この課題のことを意識しない時間（つまり、無意識の時間）を設けられました。その後、全員、2分間、上記の課題に取り組み、思いつく限りのアイデアを出しました。

そして、両グループのアイデアの新規性を評価した結果、無意識の時間を3分与えられたグループが最もクリエイティブなアイデアを出すことが明らかになりました。同じ研究の別の実験では、クリエイティビティを試す課題の種類を変え、「5つのブロックを組み合わせ、子ども用のおもちゃを思いつく限り考えなさい」という課題を課したところ、やはり、3分の無意識の時間を与えられたグループのアイデアが最もクリエイティブでした。

この研究から、無意識の時間は短すぎず長すぎず、適度な長さのときに、最もクリエイティビティが高まることがわかりました。もちろん、課題の内容によって適度な長さは変わる可能性があるので一概にはいえませんが、課題を認識してからいったん離れ、無意識の時間を適度につくることが大事です。これは先述の「ホワイトスペース」の考え方にも通じます。

どんなに時間に追われて慌ただしくても、無意識の時間をつくることで、クリエイティビティを喪失しないようにしたいものです。

エンターテインメントの力を活かす

働き続けていると、やがて疲労やストレスが蓄積していき、生き生きと仕事をすることが難しくなっていきます。そのような状態では、当然、クリエイティビティも期待できませんので、活性度を高めるための回復が必須です。活性度を回復するための様々な方法については、第2章でご紹介しましたが、ここでは、活性度の回復だけでなく、人生の意味を考えさせてくれる機会として、エンターテインメントの力を活用することをおすすめしたいと思います。

ドイツのコンスタンツ大学の研究者らは、個人が余暇時間に仕事から解放され、回復するために重要な要素として、「心理的ディタッチメント（離脱）」などの4つの要素（他には「リラックス」、「達成経験」、「コントロール」）を特定しました。

「心理的ディタッチメント（離脱）」とは、仕事を終えたら、物理的に仕事（職場）から離れるだけでなく、心理的にも仕事から離れることが重要であるという考えであり、日本では、勤務終了後から次の勤務開始まで一定時間のインターバルを設けることが努力義務になっています。つまり、仕事を離れたら、仕事のことは考えないことが大事です。

仕事から家に帰った後、映画やドラマなどをゆったりした気持ちで鑑賞することは、この「心理的ディタッチメント（離脱）」を実現するのに最適だということは想像しやすいと思いますが、エンターテインメントにはそれ以上の効果があることが、ドイツのケルン大学心理学部の研究で示唆されています。

この研究では、エンターテインメントには、快楽的欲求を満たしてくれる「ヘドニック・エンターテインメント」と、人生の意味や困難への挑戦などについて考えさせられ、自分の成長を促してくれる「ユーダイモニック・エンターテインメント」の2種類があることを、実験を通じて示しています。イメージとしては、「ヘドニック・エンターテインメント」は、スカッとするアクション映画や笑い飛ばせるコメディ映画で、「ユーダイモニック・エンターテインメント」は社会問題や幸福などをテーマにしたヒューマン・ドラマなどです。

ちなみに、「ユーダイモニック」とは、古代ギリシアの哲学者アリストテレスが提唱した概念で、「徳のある人生を生き、価値ある行為をすることによって得られる真の幸福」といった意味があります。

この実験の結果、「ヘドニック・エンターテインメント」は、仕事のストレスや疲労からの回復をもたらし、仕事から完全に離れること(「心理的ディタッチメント」)を可能にしてくれるので、活力が高まるという関係性が示されました。一方、「ユーダイモニック・エンターテインメント」は、困難な状況にも対処できる自信やコントロール感をもたらし、人生の意味を考えさせてくれるので、やはり活力が高まるという関係性が示されました。

つまり、エンターテインメントの力を活用することで、その日の仕事を忘れ、リラックスして活性度を回復させることができるだけでなく、コンテンツによっては、人生の意味を考えるきっかけをもたらしてくれることがあり、それがさらなる活性度の向上をもたらし、私たちのウェルビーイング（幸福感）の向上に役立つ可能性があるのです。

先述の通り、タイムプレッシャーはクリエイティビティの敵ですが、日常生活の中でうまくエンターテインメントに触れる時間をつくることで、タイムプレッシャーを回避し、活性度を上げ、クリエイティビティを高めるとともに、ウェルビーイングを向上させたいものですね。

自然環境にどっぷり浸かって自分を取り戻す

第2章で、人は自然とつながっていたいという本能的欲求を持っていることを説明する「バイオフィリア」という概念について説明しましたが、普段、様々なデジタル機器に囲まれて生活している私たちは、時折、それらを一切断って、大自然の環境にどっぷり浸かることで、自然とつながっていたいという人間の本能的欲求を満たし、さらには私たちが本来持っているクリエイティビティを覚醒させることができます。そのことを示す研究をご紹介します。

アメリカのカンザス大学心理学部の研究者らは、56人の成人（平均28歳）を対象に、自然環境の中にいるとクリエイティビティが向上するか、実験を行いました。

実験の参加者は4日間、アメリカの大自然の中でデジタル機器を一切使わずに過ごすように指示されました。参加者は2つのグループに分けられ、1つのグループは、大自然で過ごす前に、クリエイティビティを測定するテスト（3つの単語から連想される1単語を回答する遠隔連想テスト）を受け、もう1つのグループは、大自然での4日目の朝に同じテストを受けました。つまり、大自然で過ごすことによる影響が出る前と後を比べました。

クリエイティビティのテストスコアを分析した結果、大自然での4日目の朝にテストを受けたグループのほうが、大自然で過ごす前にテストを受けたグループよりも、クリエイティビティのスコアが50％も高いことが明らかになりました。これは、第2章でも述べた通り、大自然で過ごすことで、私たちの注意資源が回復し、1つの対象ではなく、いろいろな対象に注意を向けることができるようになり、発想力が高まったためと考えられますが、この研究のユニークなところは、自然から戻った後ではなく、自然環境にどっぷり浸かった状態でクリエイティビティのスコアが上がることを明らかにしたことです。

そして、4日間という比較的長い期間、デジタル機器を一切使わずに、自然とひたすら向き合うことで、人間が本来持っているクリエイティビティを取り戻すことができたと考えられます。

私の会社では、特定非営利活動法人森林セラピーソサエティと連携し、日本全国に広がる森林セラピー®基地における森林散策、森林浴のリラクゼーション効果を何年にもわたって計測していますが、例えば、埼玉県の某森林セラピー基地では、森林散策にポジティブな気分で参加するほうがより副交感神経が活性化し、リラックス効果が高くなることがわかりました※。

世界的に見ると、自然との触れ合いによってストレスが下がり、ウェルビーイングを高めてくれるという研究結果がたくさんあります。だからこそ、自然と触れ合うことを人生

※「森林セラピー」は特定非営利活動法人 森林セラピーソサエティの登録商標です。

の優先事項の中に入れることをおすすめします。

そして、自然から離れた日常生活で神経を擦り減らしてしまっている人は、時折、自然環境にどっぷり浸かることで、自分を取り戻しましょう。自然環境はきっと「回復のための場所」になることでしょう。

感謝の気持ちで忍耐力を高める

かつて、パナソニック創業者の松下幸之助は、「すべての人間の幸福や喜びを生み出す根源が感謝の念であり、感謝の心が高まれば高まるほど、それに正比例して幸福感が高まっていく」と述べていますが、ポジティブ心理学では、感謝（Gratitude）の効用に関する研究が盛んに行われています。

ビジネスでもスポーツでも成功した人は、必ずといって良いほど、他者への感謝を述べることが多いですよね。例えばサッカー選手であれば、「サポーターのみなさんの熱い声援のおかげです」「チームメイトや陰で支えてくれたスタッフのおかげです」と言っています。

一方、感謝の気持ちは特別な出来事が起きたときだけでなく、常日頃から持っていることが大事です。アメリカのノースイースタン大学心理学部の研究者らは、感謝と忍耐力の関係について、105人の大学生を調査したところ、日頃の感謝の気持ちが弱い人は「1年後にもらえる100ドルは、今すぐもらえる21ドルと同等の価値」と評価したのに対し、感謝の気持ちが強い人は「33ドルと同等の価値」と評価しました。つまり、感謝の気持ちが強い人は弱い人よりも、1年後にもらえるお金の価値を約1・5倍高く評価したのです。

もっとわかりやすく解釈すると、感謝の気持ちがあると、1年後にもらえるお金に対しても忍耐強く待てるので、その価値を高く評価することにつながるのですね。逆にいうと、感謝の気持ちが弱い人は1年後まで我慢できないので、1年後にもらえるお金を低く評価したと考えられます。この研究は、日頃から感謝の気持ちを持っている人は、ものごとを我慢する忍耐力があり、感情をコントロールできることを示しているといえます。

クリエイティブな人は、何かを産み出そうとする過程で、なかなか結果が出ず、忍耐力が必要な場面にたくさん遭遇します。これは芸術家や起業家、あるいは革新的なマーケターを想像していただければわかりやすいと思います。クリエイティビティと忍耐力はセットと考えても良いぐらいだと思います。この結果を待っている間の忍耐力を身に付ける上で、感謝の気持ちを持つことはとても大事だと、この研究は教えてくれています。

このように、クリエイティビティに必要な忍耐力を支える感謝の気持ちですが、これは心身の健康、ひいてはウェルビーイングを実現する上でも、とても重要です。そのことを示す興味深い研究を次にご紹介します。

感謝の気持ちは心拍の波形に表れる

感謝の気持ちは精神面だけではなく、身体面、特に心拍の波形にも影響を与えることが明らかになっています。アメリカのハートマス・リサーチセンターの研究によると、感謝の気持ちを感じていると、心拍の波形がスムーズで調和のとれた波のパターンになるようです（図21右側の波形）。これは「コヒーランス（Coherence：一貫している状態）」と呼ばれる状態で、このとき人は正確な意思決定ができ、生産性も高く、またクリエイティビティも高まるといわれています。

一方、イライラしているときや怒りを感じているときは、心拍の波形が不規則で乱れた形になります(図左側の波形)。

このように、感謝の気持ちは心拍の波形パターンに明確に表れ、身体的健康と密接につながっている可能性があるとわかりましたが、普段、忙しい日々を送っていると感謝の気持ちを持つことを忘れがちです。そうならないために、感謝の気持ちを持つことは他者との人間関係を円滑にするだけでなく、自分自身の心身の健康にも大きなメリットをもたらすと頭の片隅に置いておきましょう。

図21　感謝の気持ちは心拍の波形に表れる

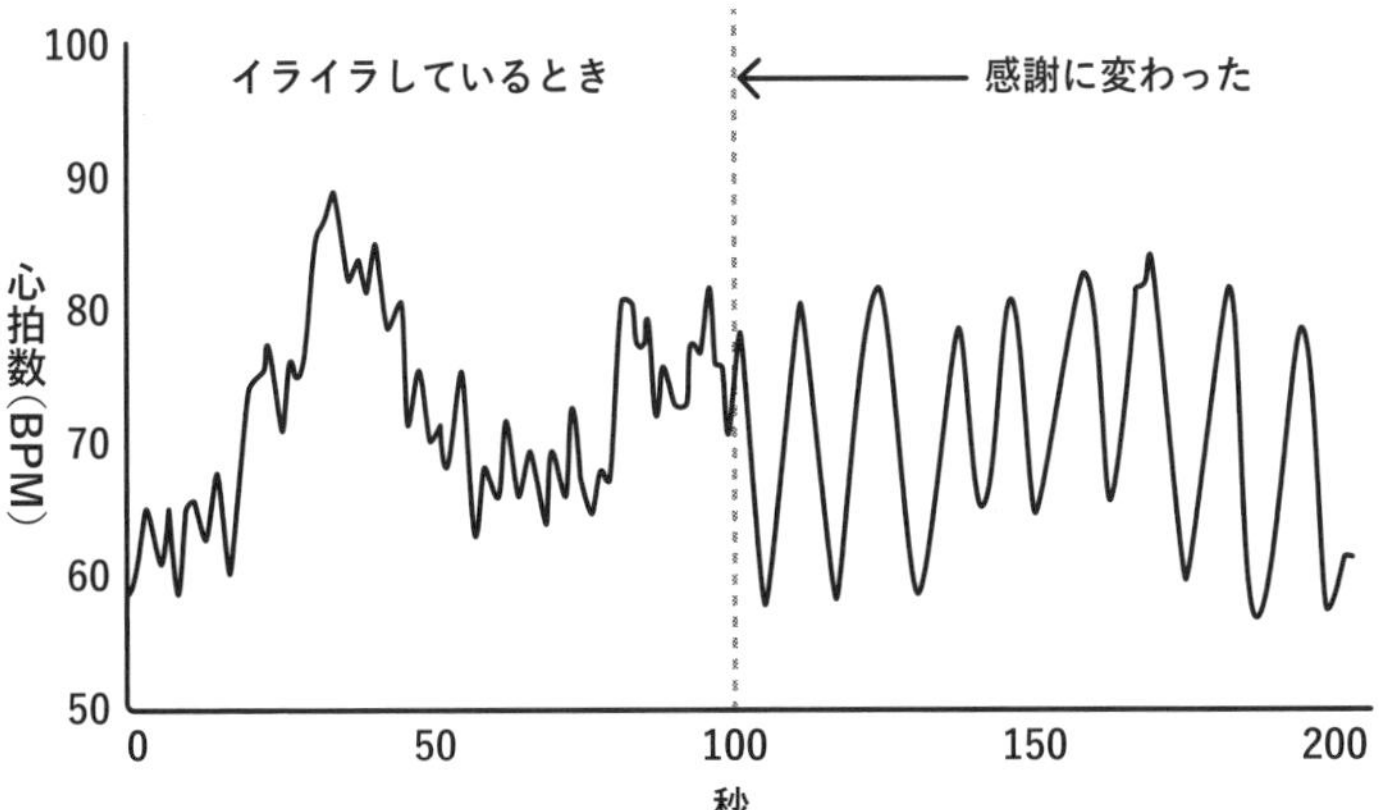

出典:Childre, D., & McCraty, R. (2004)をもとに作成

「感謝の日記」の効果

次に、日頃から感謝の気持ちを持つために有効な方法についてご紹介します。

感謝の気持ちを常日頃から持つにはどうしたら良いのでしょうか。意識するだけではなかなか難しいので、日記にするのが効果的であることが様々な研究で明らかになっています。その中の1つの研究をご紹介します。

イギリスのユニヴァーシティ・カレッジ・ロンドン（UCL）心理学部の研究者らは、119名の45歳以下の女性を対象に、「感謝の日記」を書くことによる効用を確かめる実験を行いました。「感謝の日記」とは、これまできちんと感謝の意を伝えたことがない人（あるいはモノ）を3人（個）思い浮かべ、感謝の気持ちを記すものです。

実験では参加者は、感謝の日記を書くグループ、その日の行動についての日記を書くグループ、何もしないグループの3つに分けられ、日記を書くグループは、2週間のうち6日間（週3回）書くように指示されました。そして、2週間後、全参加者の幸福感、不安感、睡眠の質、生体情報（血圧、心拍数）を測定し、どのような変化が起きたかを調査しました。

その結果、感謝の日記を2週間書いたグループは、他のグループよりも不安感が減り、日々の睡眠の質が改善し、拡張期血圧（下の血圧）が下がりました。この実験から、週3回程度、日頃なかなか伝えられない感謝の気持ちを日記に記すだけでも、心の健康だけでなく、睡眠の質や血圧といった身体の健康にも良い影響があることがわかりました。

感謝の日記は、長期間継続していくと、さらなる良い効果が得られる可能性があるため、負担にならない程度にやってみることをおすすめします。

「足るを知る」とウェルビーイングになる

第3章で、「不足」がクリエイティビティを高めると述べました。しかし、いつまでも「不足」を満たすことばかりを考えていると、ウェルビーイングの観点からは実はあまり良くないようです。

ごく身近な例として、食べ放題のビュッフェに行ったときを想像してみてください。いろいろな料理に目移りして、「あれもこれも食べたい」と思ったとします。そして、いろいろな料理を食べるうちにお腹はすでに満腹になり、苦しくなってきたとします。

このとき、まだ食べられていない料理ばかりに目がいってしまうと、いつまでも「不足」を感じることになり、一向に心が満たされなくなります。しかし、「不足」を満たすために、まだ食べていない料理をさらに食べると、今度は気持ち悪くなってしまうかもしれません。このような状況では、「どこで満足するか?」という問題に直面します。

別の例として、就職や転職活動を想像してみてください。「自分にとってベストな会社は本当にこの会社なのか?」「もっと良い会社が他にあるのではないか?」という葛藤に悩んだとします。このときも、「どこで満足するか?」という問題に直面するでしょう。

中国の春秋戦国時代の思想家、老子の名言の1つに、「足るを知る者は富む」という言葉がありますが、「足るを知る」ことはストレスを低減し、人生を幸福に導くことを科学的に示した研究があります。

アメリカの心理学者バリー・シュワルツ博士は、最良のものを求める欲求の強さによって人のタイプを分類しており、常に最良の選択を追求する人をマキシマイザー（maximiz er：追求者）、自分の中の基準が満たされた時点で、選択肢の比較をやめる人をサティスファイサー（satisficer：満足者）と呼んでいます。

そして、選択肢が多くて迷う場面では、最良の選択肢を求めるマキシマイザー（追求者）よりも、満足できるものを求めるサティスファイサー（満足者）のほうが、より満足度の高い決定ができることを実験で明らかにしています。

この理由ですが、マキシマイザー（追求者）は、すべての選択肢を比較しようとするため、自分より優れているものと常に比較してしまい、後悔が多くなるからです。また、マキシマイザー（追求者）は完璧主義になりがちで、人生の満足度と負の相関があり、うつ病と正の相関があることもわかりました。

一方、サティスファイサー（満足者）は、自分の中の基準が満たされた時点で選択肢の比較をやめるため、選択したものに対する満足度が高く、後悔が小さいことがわかりました。シュワルツ博士は、「究極を追い求めるのはやめて、大切なニーズが満たされているなら、その選択肢を良しとしなさい」と述べています。まさに、「足るを知る」ことが余計なストレスを低減させ、ウェルビーイングにつながることを示した研究といえます。

どこで満足するか？

本書の最後に、「どこで満足するか？」という問いについて考えます。それに際して、マキシマイザー（追求者）がキャリア選択で最良の道を追求するとどうなるかについての研究をご紹介します。

アメリカのコロンビア大学ビジネススクールのシーナ・アイエンガー博士は、５４８人の大学生を対象に、マキシマイザー（追求者）傾向の強さが、就職活動の結果とその受け止め方にどのように影響するかを調査しました。調査では、参加者のマキシマイザー（追求者）傾向を質問紙で測定しました。例えば、こんな質問に回答してもらいました。

「車の中でラジオを聴いているとき、たとえ今聴いているチャンネルに満足していても、もっと良いチャンネルがないか、チェックすることがよくありますか？」

こんな場面でも、マキシマイザー（追求者）傾向が表れるのですね。こうしてマキシマイザー（追求者）傾向を把握した後、実際の就職活動の結果がどうなったかを分析しました。

その結果、マキシマイザー（追求者）傾向の強い学生は、そうでない学生よりも、20%高い初任給の仕事を得ていました。しかし、マキシマイザー（追求者）傾向の強い学生は、せっかく内定をもらった就職先に対しての満足度が低く、後悔などの否定的な感情を経験していました。

マキシマイザー（追求者）は、とにかく理想の仕事を追求するあまり、現実的なものだけでなく、非現実的なものも含めて、たくさんの選択肢を検討します。しかし、そのことが非現実的な高い期待を生むことにつながり、機会費用（時間や労力など）を増大させるため、結果への満足度が低くなり、かつ、否定的感情が残ってしまうとアイエンガー博士は考察しています。

クリエイティブな人は「不足」をバネにして、それを補うためにクリエイティビティを最大限に発揮することを得意としており、これは飽くなき向上心につながります。社会課題を解決するビジネスを生み出したり、人を感動させるような作品を世の中に発表したりするためには、現状に満足せず、「不足」をバネにしたクリエイティビティが必須です。

一方で、個人のウェルビーイングの観点からすると、前述の研究が示す通り、マキシマイザー（追求者）よりもサティスファイサー（満足者）のほうが、ウェルビーイングが高まる可能性が高そうです。「どこで満足するか？」という問いは、人生のテーマそのものといえるのではないでしょうか。

本書で説明してきた「クリエイティブ・メンタルマネジメント法」は、この「どこで満足するか？」という問いに対する答えは持ち合わせていません。ただ、ひとつ確実にいえるのは、序章でも述べたように、「小さなクリエイティビティはメンタルの鍵になる」ということです。小さなクリエイティビティを毎日実践することが、ウェルビーイングにつながるのだと、ここでもう一度強調させてください。

ぜひ本書で紹介した内容を参考にしてメンタル・リソースを充実させ、リトルCを実践し、仕事のやりがいを高めて、ウェルビーイングな人生を実現してください。そして、「どこで満足するか？」という問いに対する自分の答えを見つけてください。

第5章まとめ

- クリエイティブ・メンタルマネジメント法を実践することで、ウェルビーイング（幸福感）を実現できる。
- 日本人は諸外国と比べて慌ただしい国民であるが、タイムプレッシャーを受けるとクリエイティビティが阻害されてしまうので、意識して「無意識の時間」をつくることが大事である。
- 日常から脱却するために、エンターテインメントの力を活用することや、自然環境にどっぷり浸かって自分を取り戻すことが重要である。
- 感謝の気持ちを持つことは、クリエイティビティにとって重要な忍耐力を養うのに有効で、感謝の気持ちは心拍の波形にも表れ、心身に影響を与える。
- 「マキシマイザー」をずっと追求するのではなく、「サティスファイサー」になること、つまり、「足るを知る」ことがウェルビーイングの実現にはとても大事である。クリエイティブ・メンタルマネジメント法を実践しながら、その境界線を自ら見つけてほしい。

おわりに

自分の仕事人生を振り返ると、暗黙のうちに最も大事にしてきたことが「クリエイティビティ」でした。

その原点は大学時代です。当時、大学の仲間とジャマイカの音楽レゲエのレコードを買い漁り、夜な夜なクラブでのＤＪ活動に明け暮れていました。どの曲からどの曲につなぐとカッコイイかばかりを考えており、それが私の「クリエイティビティ」の原点です。おかげで大学の勉強よりもクリエイティビティを追求する日々でしたが、それが高じて、クリエイティブな会社、ソニーに就職しました。その後、紆余曲折を経て起業する時に選んだ事業領域はデジタルヘルス（メンタルヘルス）でしたが、事業や研究を行う中で、マイナスをゼロにするだけのメンタルヘルスには何か違和感がありました。

そんな折、コロナ禍で自分に深く向き合い、学術論文などを読み漁った結果、「クリエイティビティ」がメンタルヘルスを向上させる重要な鍵を握っていると気づいたのです。それは自分の体験に照らしても腹落ちするものでした。仕事で行き詰まったとき、いつも自分のメンタルを助けてくれたのは、小さなアイデアだったからです。

本書で述べたリトルCは、私たちをウェルビーイングに導いてくれると私は確信しています。そのことを、本書を通じて読者の皆さまに少しでもお伝えできたなら、これ以上の喜びはありません。

本書は、信頼できる学術的エビデンスや自ら実際に測定したデータなどに基づいて執筆しました。ただ、学術の世界に絶対はありませんし、私の勉強不足な部分もあると思いますので、1つの考え方として捉えていただけると幸いです。

本書の出版にあたり、お世話になった多くの方々に感謝の気持ちを伝えたいと思います。まずは、私の仕事人生の原点であるソニーでともに仕事をさせていただいたクリエイティブな方々に感謝致します。また、起業の際、事業のシーズにしたウェアラブルセンサの研究開発に尽力した私の父、板生清（東京大学名誉教授）に感謝したいと思います。この技術がなければ、私のベンチャー経営も本書の執筆もなかったでしょう。また、センサによる自律神経の測定から学問（生理心理学）に目覚めた私に、医学部博士課程で研究する機会とご指導を賜った、自律神経の第一人者、順天堂大学医学部小林弘幸教授に感謝の気持ちを伝えたいと思います。さらに、会社創業から10年以上、苦楽をともにし、私の専門性が及ばない工学の分野から私を支え続けてくれている取締役の駒澤真人氏にも日頃の感謝を伝えたいと思います。

そして、本書の執筆の間、精神的に支えてくれた家族にも感謝しています。特に、今年大学生になった長女は原稿を読んで、ときに私を勇気付けるフィードバックをくれました。最後に、本書の出版の機会をくださったクロスメディア・パブリッシングの小早川幸一郎社長、尾崎史洋さん、編集で大変お世話になった土屋友香理さんへの深い感謝の気持ちをここに記します。

板生研一

参考文献

序章　小さなクリエイティビティがメンタルの鍵になる

- Kyaga, S., Landén, M., Boman, M., Hultman, C. M., Långström, N., & Lichtenstein, P. (2013). Mental illness, suicide and creativity: 40-year prospective total population study. Journal of psychiatric research, 47(1), 83-90.
- Kaufman, J. C., & Beghetto, R. A. (2009). Beyond big and little: The four c model of creativity. Review of general psychology, 13(1), 1-12.
- Acar, S., Tadik, H., Myers, D., Van der Sman, C., & Uysal, R. (2021). Creativity and Well – being: A Meta – analysis. The Journal of Creative Behavior, 55(3), 738-751.
- Baas, M., De Dreu, C. K., & Nijstad, B. A. (2008). A meta-analysis of 25years of mood-creativity research: Hedonic tone, activation, or regulatory focus?. Psychological bulletin, 134(6), 779.
- 日本経済新聞（2023.6.14）「日本の『熱意ある社員』5％　世界は最高、広がる差――米ギャラップ調査」https://www.nikkei.com/article/DGXZQOUF131HN0T10C23A6000000/

第1章　メンタル・リソースの充実①　ポジティブ感情編

- Ito, T. A., Larsen, J. T., Smith, N. K., & Cacioppo, J. T. (1998). Negative information weighs more heavily on the brain: the negativity bias in evaluative categorizations. Journal of personality and social psychology, 75(4), 887.
- アラン〔著〕齋藤 慎子〔翻訳〕(2012)『アランの幸福論』ディスカヴァー・トゥエンティワン
- Fredrickson, B. L., & Branigan, C. (2005). Positive emotions broaden the scope of attention and thought – action repertoires. Cognition & emotion, 19(3), 313-332.
- Fredrickson, B. L., & Levenson, R. W. (1998). Positive emotions speed recovery from the cardiovascular sequelae of negative emotions. Cognition and Emotion, 12, 191-220.,
- Fredrickson, B. L., & Joiner, T. (2002). Positive emotions trigger upward spirals toward emotional well-being. Psychological Sciences, 13, 172-175.
- Robles, T. F., Brooks, K. P., & Pressman, S. D. (2009). Trait positive affect buffers the effects of acute stress on skin barrier recovery. Health Psychology, 28, 373-378.,
- Kiecolt-Glaser, J. K., Loving, T. J., Stowell, J. R., Malarkey, W. B., Lemeshow, S., Dickinson, S. L., & Glaser, R. (2005). Hostile marital interactions, proinflammatory cytokine production, and wound healing. Archives of General Psychiatry, 62, 1377-1384.
- Bryant, F. B., & Veroff, J. (2017). Savoring: A new model of positive experience. Psychology Press.
- Killingsworth, M. A., & Gilbert, D. T. (2010). A wandering mind is an unhappy mind. Science, 330(6006), 932-932.
- Quoidbach, J., Dunn, E. W., Petrides, K. V., & Mikolajczak, M. (2010). Money giveth, money taketh away: The dual effect of wealth on happiness. Psychological science, 21(6), 759-763.
- De Bloom, J., Geurts, S. A., & Kompier, M. A. (2013). Vacation (after-) effects on employee health and well-being, and the role of vacation activities, experiences and sleep. Journal of Happiness Studies, 14(2), 613-633.
- Quoidbach, J., Berry, E. V., Hansenne, M., & Mikolajczak, M. (2010). Positive emotion regulation and well-being: Comparing the impact of eight savoring and dampening strategies. Personality and individual differences, 49(5), 368-373.
- Michalak, J., Mischnat, J., & Teismann, T. (2014). Sitting posture makes a difference—embodiment effects on depressive memory bias. Clinical Psychology & Psychotherapy, 21(6), 519-524.
- Michalak, J., Rohde, K., & Troje, N. F. (2015). How we walk affects what we remember: Gait modifications through biofeedback change negative affective memory bias. Journal of behavior therapy and experimental psychiatry, 46, 121-125.
- Michalak, J., Troje, N. F., Fischer, J., Vollmar, P., Heidenreich, T., & Schulte, D. (2009). Embodiment of sadness and depression—gait patterns associated with dysphoric mood. Psychosomatic medicine, 71(5), 580-587.
- Proffitt, D. R. (2006). Embodied perception and the economy of action. Perspectives on psychological science, 1(2), 110-122.
- Crum, A. J., Salovey, P., & Achor, S. (2013). Rethinking stress: the role of mindsets in determining the stress response. Journal of personality and social psychology, 104(4), 716.

- Gross, J. J., & Levenson, R. W. (1997). Hiding feelings: the acute effects of inhibiting negative and positive emotion. Journal of abnormal psychology, 106(1), 95.
- Sakurada, K., Konta, T., Watanabe, M., Ishizawa, K., Ueno, Y., Yamashita, H., & Kayama, T. (2019). Associations of frequency of laughter with risk of all-cause mortality and cardiovascular disease incidence in a general population: findings from the Yamagata study. Journal of Epidemiology, JE20180249.
- Wiswede, D., Münte, T. F., Krämer, U. M., & Rüsseler, J. (2009). Embodied emotion modulates neural signature of performance monitoring. PLoS One, 4(6), e5754.
- 週刊ゴルフダイジェスト (2012.7.17)「『スマイル作戦』が奏功！原江里菜、笑顔の復調2位」https://www.golfdigest.co.jp/digest/column/back9/2012/20120724d.asp
- Nittono, H., Fukushima, M., Yano, A., & Moriya, H. (2012). The power of kawaii: Viewing cute images promotes a careful behavior and narrows attentional focus. PloS one, 7(9), e46362.
- Chen, Y., Mark, G., & Ali, S. (2016). Promoting positive affect through smartphone photography. Psychology of well-being, 6(1), 1-16.
- 国立社会保障・人口問題研究所「日本の世帯数の将来推計（全国推計）」(2018年推計)
- Tunstall, J., 1966, Old and Alone: A Sociological Study of Old People, London, Routledge & Kagen Paul.【光信隆夫〔訳〕(1978)『老いと孤独：老年者の社会学的研究』垣内出版】
- Cacioppo, J. T., Hughes, M. E., Waite, L. J., Hawkley, L. C., & Thisted, R. A. (2006). Loneliness as a specific risk factor for depressive symptoms: cross-sectional and longitudinal analyses. Psychology and aging, 21(1), 140.
- Bargh, J. A., & Shalev, I. (2012). The substitutability of physical and social warmth in daily life. Emotion, 12(1), 154.
- Bauman AE, Ainsworth B., Sallis J, et al. The descriptive epidemiology of sitting: A 20-countr y comparison using the International Physical Activity Questionnaire(IPAQ). Am J Prev Med 2011; 41: 228 – 235.
- Teychenne, M., Costigan, S. A., & Parker, K. (2015). The association between sedentary behaviour and risk of anxiety: a systematic review. BMC public health, 15(1), 1-8.
- Leahy, R. L. (2005). The worry cure: Seven steps to stop worry from stopping you. Harmony.
- Ramirez, G., & Beilock, S. L. (2011). Writing about testing worries boosts exam performance in the classroom. science, 331(6014), 211-213.
- Brooks, A. W. (2014). Get excited: reappraising pre-performance anxiety as excitement. Journal of Experimental Psychology: General, 143(3), 1144.
- Kabat-Zinn, J. (1994). Wherever you go, there you are: Mindfulness meditation in every- day life. New York: Hyperion. 他
- Kabat-Zinn, J. (2011). Some reflections on the origins of MBSR, skillful means, and the trouble with maps. Contemporary Buddhism, 12(1), 281-306.
- Zeidan, F., Johnson, S. K., Diamond, B. J., David, Z., & Goolkasian, P. (2010). Mindfulness meditation improves cognition: Evidence of brief mental training. Consciousness and cognition, 19(2), 597-605.

第2章　メンタル・リソースの充実②　活性度編

- Komazawa, M., Itao, K., Kobayashi, H., & Luo, Z. (2016). On human autonomic nervous activity related to behavior, daily and regional changes based on big data measurement via smartphone. Health, 8(09), 827.
- Goessl, V. C., Curtiss, J. E., & Hofmann, S. G. (2017). The effect of heart rate variability biofeedback training on stress and anxiety: a meta-analysis. Psychological medicine, 47(15), 2578-2586.
- 榊原雅人 (2011)「呼吸法はなぜ健康によいのか？：心拍変動バイオフィードバック法からみた自律神経メカニズムと心理学的効果」
- de Brito, J. N., Pope, Z. C., Mitchell, N. R., Schneider, I. E., Larson, J. M., Horton, T. H., & Pereira, M. A. (2020). The effect of green walking on heart rate variability: A pilot crossover study. Environmental research, 185, 109408.
- Murad, K., Brubaker, P. H., Fitzgerald, D. M., Morgan, T. M., Goff Jr, D. C., Soliman, E. Z., ... & Kitzman, D. W. (2012). Exercise training improves heart rate variability in older patients with heart failure: a randomized, controlled, single – blinded trial. Congestive heart failure, 18(4), 192-197.
- Goldhaber, M. H. (1997). The attention economy and the net. First Monday.
- Mark, G., Gonzalez, V. M., & Harris, J. (2005, April). No task left behi

nd? Examining the nature of fragmented work. In Proceedings of the SIGCHI conference on Human factors in computing systems (pp. 321-330).他

- Kaplan, S. (1995). The restorative benefits of nature: Toward an in tegrative framework. Journal of environmental psychology, 15(3), 169-182.
- Laumann, K., Gärling, T., & Stormark, K. M. (2003). Selective atte ntion and heart rate responses to natural and urban environments. Journal of environmental psychology, 23(2), 125-134.
- White, M., Smith, A., Humphryes, K., Pahl, S., Snelling, D., & De pledge, M. (2010). Blue space: The importance of water for prefer ence, affect, and restorativeness ratings of natural and built scenes. Journal of environmental psychology, 30(4), 482-493.
- Chang, C. Y., & Chen, P. K. (2005). Human response to window views and indoor plants in the workplace. HortScience, 40(5), 1354-1359.
- Human Spaces (2015)「世界中の職場における、バイオフィリックデザインが与える影響」 https://interfaceinc.scene7.com/is/content/InterfaceInc/Interface/AsiaPac/WebsiteContentAssets/Documents/Brochures/Japan/wc_humanspacesreport-jp.pdf
- オフラボ「社会課題を感性デザインで考える。ビクターエンタテインメントの『KooNe』事業とは?-」https://stressoff-lab.jp/feature/1561/ (2023.7.20参照)
- 日本サウナ・温冷浴総合研究所公表データ (2018.3.7)
- 日経クロストレンド(2021.8.19)「医師が教えるサウナ効果のウソ・ホント　体や脳の疲れは取れる?-」https://xtrend.nikkei.com/atcl/contents/18/00503/00008/
- 人間情報学会　オーラルセッション (2019.12.11)「サウナが生体情報に与える影響に関する研究と実用化について」(コクヨ株式会社発表)
- Buijze, G. A., Sierevelt, I. N., van der Heijden, B. C., Dijkgraaf, M. G., & Frings-Dresen, M. H. (2016). The effect of cold showering on health and work: a randomized controlled trial. PloS one, 11(9), e0161749.
- McCrary, J. M., Altenmüller, E., Kretschmer, C., & Scholz, D. S. (2022). Association of Music Interventions With Health-Related Quality of Life: A Systematic Review and Meta-analysis. JAMA network open, 5(3), e223236-e223236.
- Fancourt, D., Aufegger, L., & Williamon, A. (2015). Low-stress and high-stress singing have contrasting effects on glucocorticoid response. Frontiers in psychology, 6, 1242.
- Takahashi, M., Fukuda, H., & Arito, H. (1998). Brief naps during post-lunch rest: effects on alertness, performance, and autonomic balance. European journal of applied physiology and occupational physiology, 78(2), 93-98.
- Seligman, M. E. (2012). Flourish: A visionary new understanding of happiness and well-being. Simon and Schuster.
- チューリッヒ生命「ビジネスパーソンが抱えるストレスに関する調査」(2017~2021)
- Kivimäki, M., Ferrie, J. E., Brunner, E., Head, J., Shipley, M. J., Vahte ra, J., & Marmot, M. G. (2005). Justice at work and reduced risk of co ronary heart disease among employees: the Whitehall II Study. Archiv es of internal medicine, 165(19), 2245-2251.
- Wager, N., Fieldman, G., & Hussey, T. (2003). The effect on ambulato ry blood pressure of working under favourably and unfavourably perce ived supervisors. Occupational and environmental medicine, 60(7), 468-474.
- Forbes Japan. (2021.9.8) https://forbesjapan.com/articles/detail/40685
- https://www.youtube.com/watch?v=LhoLuui9gX8
- Kark, R., & Carmeli, A. (2009). Alive and creating: The mediating role of vitality and aliveness in the relationship between psychological safe ty and creative work involvement. Journal of Organizational Behavior: The International Journal of Industrial, Occupational and Organization al Psychology and Behavior, 30(6), 785-804.
- Catmull, E. (2008). How Pixar fosters collective creativity. Boston, MA: Harvard Business School Publishing.
- Thompson, L., Wilson, E. R., & Lucas, B. (2017). Research: For better brainstorming, tell an embarrassing story. Harvard Business Review.
- Zhang, X., & Bartol, K. M. (2010). Linking empowering leadership and employee creativity: The influence of psychological empowerme nt, intrinsic motivation, and creative process engagement. Academy of management journal, 53(1), 107-128.
- エイミー・ワラス〔著〕エド・キャットムル〔著〕石原薫〔翻訳〕(2014)『ピクサー流 創造するちから——小さな可能性から、大きな価

値を生み出す方法』ダイヤモンド社

- Aarts, H., Gollwitzer, P. M., & Hassin, R. R. (2004). Goal contagion: perceiving is for pursuing. Journal of personality and social psychology, 87(1), 23.

第3章　小さなクリエイティビティの実践

- Smulders, P.G.W.(2006).De bevlogenheid van werknemers gemeten. [Measuring work engagement].TNO special
- 萩原一平（2013）『脳科学がビジネスを変える：ニューロイノベーションへの挑戦』日経ＢＰマーケティング
- https://news.adobe.com/news/news-details/2012/Study-Reveals-Global-Creativity-Gap/default.aspx
- トム・ケリー〔著〕デイヴィッド・ケリー〔著〕千葉敏生〔翻訳〕(2014)『クリエイティブ・マインドセット　想像力・好奇心・勇気が目覚める驚異の思考法』日経ＢＰ
- Wrzesniewski, A., & Dutton, J. E. (2001). Crafting a job: Revisioning employees as active crafters of their work. Academy of management review, 26(2), 179-201.
- 高尾義明(2019)「ジョブ・クラフティング研究の展開に向けて：概念の独自性の明確化と先行研究レビュー」経済経営研究、1、81-105
- Tims, M., Bakker, A. B., & Derks, D. (2013). The impact of job crafting on job demands, job resources, and well-being. Journal of occupational health psychology, 18(2), 230.
- 遠藤功(2012)『現場力の教科書』光文社
- 遠藤功(2012)『新幹線お掃除の天使たち「世界一の現場力」はどう生まれたか?』あさ出版
- Kahneman, D. (2011). Thinking, fast and slow. Macmillan.
- Killingsworth, M. A., & Gilbert, D. T. (2010). A wandering mind is an unhappy mind. Science, 330(6006), 932-932.
- Mann, S., & Cadman, R. (2014). Does being bored make us more creative?. Creativity Research Journal, 26(2), 165-173.
- Baird, B., Smallwood, J., Mrazek, M. D., Kam, J. W., Franklin, M. S., & Schooler, J. W. (2012). Inspired by distraction: Mind wandering facilitates creative incubation. Psychological science, 23(10), 1117-1122.
- Mann, S., & Cadman, R. (2014). Does being bored make us more creative?. Creativity Research Journal, 26(2), 165-173.
- Takano, K., & Tanno, Y. (2009). Self-rumination, self- reflection, and depression: Self-rumination counteracts the adaptive effect of self-reflection. Behavior Research and Therapy, 47, 260–264.
- 中島実穂・森正樹・小口孝司・丹野義彦（2014）「反芻・省察を変動させる対人ストレスイベントの種類」パーソナリティ研究、23(2)、101-104
- Verhaeghen, P., Joorman, J., & Khan, R. (2005). Why we sing the blues: the relation between self-reflective rumination, mood, and creativity. Emotion, 5(2), 226.
- Mehta, R., & Zhu, M. (2016). Creating when you have less: The impact of resource scarcity on product use creativity. Journal of Consumer Research, 42(5), 767-782.
- Thomas, M., & Tsai, C. I. (2012). Psychological distance and subjective experience: How distancing reduces the feeling of difficulty. Journal of Consumer Research, 39(2), 324-340.
- Williams, L. E., & Bargh, J. A. (2008). Experiencing physical warmth promotes interpersonal warmth. Science, 322(5901), 606-607.
- Förster, J., Friedman, R. S., & Liberman, N. (2004). Temporal construal effects on abstract and concrete thinking: consequences for insight and creative cognition. Journal of personality and social psychology, 87(2), 177.
- Moraru, A., Memmert, D., & van der Kamp, J. (2016). Motor creativity: the roles of attention breadth and working memory in a divergent doing task. Journal of Cognitive Psychology, 28(7), 856-867.
- Mehta, R., Zhu, R., & Cheema, A. (2012). Is noise always bad? Exploring the effects of ambient noise on creative cognition. Journal of Consumer Research, 39(4), 784-799.
- Vohs, K. D., Redden, J. P., & Rahinel, R. (2013). Physical order produces healthy choices, generosity, and conventionality, whereas disorder produces creativity. Psychological Science, 24(9), 1860-1867.
- 嶋浩一郎(2007)『嶋浩一郎のアイデアのつくり方』ディスカバー・トゥエンティワン
- 株式会社ユニクロ(2018.10.11)「【EZYジーンズチャレンジ　第一弾！】秋の行楽シーズン、移動時のストレスはボトムスで解消!?　購入者の９割が「一日中穿いても快適！」と絶賛のEZYジーンズ 東京〜名古屋間の往復バス移動ではスウェット並みに疲れないという結果

に-」https://www.atpress.ne.jp/news/168171

- Ackerman, J. M., Nocera, C. C., & Bargh, J. A. (2010). Incidental haptic sensations influence social judgments and decisions. Science, 328(5986), 1712-1715.
- Mirowsky, J., & Ross, C. E. (2007). Creative work and health. Journal of Health and Social Behavior, 48(4), 385-403.

第4章 仕事のやりがいとクリエイティビティ

- ミハイ・チクセントミハイ〔著〕大森弘〔監訳〕(2003)『フロー体験とグッドビジネス――仕事と生きがい』世界思想社
- Csikszentmihalyi, M., & Csikzentmihaly, M. (1990). Flow: The psychology of optimal experience (Vol. 1990). New York: Harper & Row.
- Csikszentmihalyi, M. (2004). Good business: Leadership, flow, and the making of meaning. Penguin.
- Amabile, T. M. (1985). Motivation and creativity: Effects of motivational orientation on creative writers. Journal of personality and social psychology, 48(2), 393.
- Stokols, D., Clitheroe, C., & Zmuidzinas, M. (2002). Qualities of work environments that promote perceived support for creativity. Creativity Research Journal, 14(2), 137-147.
- Porath, C. L., & Erez, A. (2009). Overlooked but not untouched: How rudeness reduces onlookers' performance on routine and creative tasks. Organizational Behavior and Human Decision Processes, 109(1), 29-44.
- De Bono, E., & Zimbalist, E. (1970). Lateral thinking (pp. 1-32). London: Penguin.
- Epstein, R., Schmidt, S. M., & Warfel, R. (2008). Measuring and training creativity competencies: Validation of a new test. Creativity Research Journal, 20(1), 7-12.
- 秋元康(2009)『企画脳』ＰＨＰ研究所
- Wallas, G. (1926). The art of thought (Vol. 10). Harcourt, Brace.
- Eisenberger, R., Jones, J. R., Stinglhamber, F., Shanock, L., & Randall, A. T. (2005). Flow experiences at work: For high need achievers alone?. Journal of Organizational Behavior: The International Journal of Industrial, Occupational and Organizational Psychology and Behavior, 26(7), 755-775.
- Ritter, S. M., Damian, R. I., Simonton, D. K., van Baaren, R. B., Strick, M., Derks, J., & Dijksterhuis, A. (2012). Diversifying experiences enhance cognitive flexibility. Journal of experimental social psychology, 48(4), 961-964.
- McCrae, R. R. (1987). Creativity, divergent thinking, and openness to experience. Journal of personality and social psychology, 52(6), 1258.
- 観光庁「新たな旅のスタイル　ワーケーション&ブレジャー」https://www.mlit.go.jp/kankocho/workation-bleisure/
- Epstein, R., Schmidt, S. M., & Warfel, R. (2008). Measuring and training creativity competencies: Validation of a new test. Creativity Research Journal, 20(1), 7-12.
- Ariga, A., & Lleras, A. (2011). Brief and rare mental "breaks" keep you focused: Deactivation and reactivation of task goals preempt vigilance decrements. Cognition, 118(3), 439-443.
- ＪＲ東日本「STATION WORKS」ホームページ https://www.stationwork.jp/booth-desk-franchise/base-search/base-details/?floorId=8&type=2
- 今西明・雄山真弓 (2008)「生理心理学における新たな解析手法の提案：生体信号のカオス解析」人文論究、58(3)、23-42
- 雄山真弓(2012)『心の免疫力を高める「ゆらぎ」の心理学』祥伝社
- 倉恒弘彦、他 (2019)「ストレス・疲労のセンシングとその評価技術(第7章第2節)技術情報協会
- トム・ケリー〔著〕デイヴィッド・ケリー〔著〕千葉敏生〔翻訳〕(2014)『クリエイティブ・マインドセット　想像力・好奇心・勇気が目覚める驚異の思考法』日経ＢＰ
- Sarasvathy, S. D.(2008)Effectuation: Elements of Entrepreneurial Expertise, Edward Elgar Publishing.
- Mueller, J. S., Melwani, S., & Goncalo, J. A. (2012). The bias against creativity: Why people desire but reject creative ideas. Psychological science, 23(1), 13-17.
- ブライアン・R・リトル〔著〕児島修〔翻訳〕(2016)『自分の価値を最大にするハーバードの心理学講義』(第7章)大和書房
- Low, C. A., Stanton, A. L., & Bower, J. E. (2008). Effects of acceptance-oriented versus evaluative emotional processing on heart rate recovery and habituation. Emotion, 8(3), 419.

- Veloso, G. C., & Ty, W. E. G. (2021). The Effects of Emotional Working Memory Training on Trait Anxiety. Frontiers in Psychology, 11, 549623.
- Weinberger, E., Wach, D., Stephan, U., & Wegge, J. (2018). Having a creative day: Understanding entrepreneurs' daily idea generation through a recovery lens. Journal of Business
- 厚生労働省健康局(2014)「健康づくりのための睡眠指針 2014」https://www.mhlw.go.jp/file/06-Seisakujouhou-10900000-Kenkoukyoku/0000047221.pdf
- 岡田隆(2018)『生理心理学』(第10章)ＮＨＫ出版
- 厚生労働省「レム睡眠」ｅヘルスネット https://www.e-healthnet.mhlw.go.jp/information/dictionary/heart/yk-069.html (2023.3.26参照)
- Cai, D. J., Mednick, S. A., Harrison, E. M., Kanady, J. C., & Mednick, S. C. (2009). REM, not incubation, improves creativity by priming associative networks. Proceedings of the National Academy of Sciences, 106(25), 10130-10134.
- 森岡毅(2016)『USJのジェットコースターはなぜ後ろ向きに走ったのか?』角川文庫

第5章　ウェルビーイングになる

- Levine, R. V., & Norenzayan, A. (1999). The pace of life in 31 countries. Journal of cross-cultural psychology, 30(2), 178-205.
- Amabile, T. M., Hadley, C. N., & Kramer, S. J. (2002). Creativity under the gun. Harvard business review, 80, 52-63.
- ジュリエット・ファント〔著〕三輪美矢子〔翻訳〕(2022)『WHITE SPACE　ホワイトスペース：仕事も人生もうまくいく空白時間術』東洋経済新報社
- Yang, H., Chattopadhyay, A., Zhang, K., & Dahl, D. W. (2012). Unconscious creativity: When can unconscious thought outperform conscious thought?. Journal of Consumer Psychology, 22(4), 573-581.
- Sonnentag, S., & Fritz, C. (2007). The Recovery Experience Questionnaire: development and validation of a measure for assessing recuperation and unwinding from work. Journal of occupational health psychology, 12(3), 204.
- Rieger, D., Reinecke, L., Frischlich, L., & Bente, G. (2014). Media entertainment and well-being—Linking hedonic and eudaimonic entertainment experience to media-induced recovery and vitality. Journal of Communication, 64(3), 456-478.
- Atchley, R. A., Strayer, D. L., & Atchley, P. (2012). Creativity in the wild: Improving creative reasoning through immersion in natural settings. PloS one, 7(12), e51474.
- 駒澤真人「森林散策・森林浴のリラクゼーション効果に関する評価検討」ネイチャーインタフェイス (2020.4.1発行)
- Dickens, L., & DeSteno, D. (2016). The grateful are patient: Heightened daily gratitude is associated with attenuated temporal discounting. Emotion, 16(4), 421.
- Childre, D., & McCraty, R. (2004). The grateful heart: The psychophysiology of appreciation. The psychology of gratitude., 56-230.
- Jackowska, M., Brown, J., Ronaldson, A., & Steptoe, A. (2016). The impact of a brief gratitude intervention on subjective well-being, biology and sleep. Journal of health psychology, 21(10), 2207-2217.
- Schwartz, B., Ward, A., Monterosso, J., Lyubomirsky, S., White, K., & Lehman, D. R. (2002). Maximizing versus satisficing: happiness is a matter of choice. Journal of personality and social psychology, 83(5), 1178.
- Iyengar, S. S., Wells, R. E., & Schwartz, B. (2006). Doing better but feeling worse: Looking for the "best" job undermines satisfaction. Psychological Science, 17(2), 143-150.

『なぜ、クリエイティブな人はメンタルが強いのか？』

読者特典のお知らせ

本書をお手に取ってくださり、ありがとうございます。
クリエイティビティを発揮しながら、メンタルを強く保ち、仕事や人生を良い方向に向かわせたいと望む読者の皆さんをサポートするため、読者特典をご用意しました。
特典内容は随時追加していくので、下記URLでご確認ください。

読者特典は下記URLよりダウンロードしてください。

https://cm-group.jp/LP/40865/

※読者特典は予告なく終了することがございます。

[著者略歴]

板生研一（いたお・けんいち）

WINフロンティア株式会社 代表取締役社長兼CEO。東京成徳大学経営学部特任教授。人間情報学会ヒューマン・クリエイティビティ研究会代表。一橋大学法学部卒。東京大学大学院中退。英国ケンブリッジ大学経営大学院経営学修士（MBA）。順天堂大学大学院医学研究科博士課程修了、博士（医学）。ソニー株式会社（現ソニーグループ）にてエレキおよびエンタメビジネスの商品企画や新規事業開発などに従事した後、2011年にWINフロンティア株式会社を創業。生体センシングによるヘルスケア事業、クリエイティブ・メンタルマネジメント事業に10年以上携わる。

なぜ、クリエイティブな人《ひと》は
メンタルが強《つよ》いのか？

2023年8月11日　初版発行

著　者　板生研一

発行者　小早川幸一郎

発　行　株式会社クロスメディア・パブリッシング
〒151-0051 東京都渋谷区千駄ヶ谷4-20-3 東栄神宮外苑ビル
https://www.cm-publishing.co.jp
◎本の内容に関するお問い合わせ先：TEL（03）5413-3140／FAX（03）5413-3141

発　売　株式会社インプレス
〒101-0051 東京都千代田区神田神保町一丁目105番地
◎乱丁本・落丁本などのお問い合わせ先：FAX（03）6837-5023
service@impress.co.jp
※古書店で購入されたものについてはお取り替えできません

印刷・製本　中央精版印刷株式会社

 ISBN978-4-295-40865-9　C2034